U0469251

教书这么好的事

冷玉斌 —————— 著

中国人民大学出版社
·北京·

目录

自　序 / 001

第一辑　　漫读之言 / 003

　　让儿童阅读焕发德育的神采 / 005
　　和孩子一起，多看美的东西 / 012
　　做一个真读书的人 / 020
　　犹如星辰秘史的阅读之趣 / 024
　　就跑了趟厦门 / 033

第二辑　　专业之味 / 047

　　过一种幸福完整的阅读生活 / 049
　　苏霍姆林斯基《给教师的建议》阅读记 / 056
　　观念之旅里的十个人与多部书 / 062
　　有如灯塔，照亮儿童 / 080
　　下辈子如果我还记得你 / 083
　　陪儿童站立在课堂中央 / 087

第三辑　童书之趣 / 093

　　一起抓住成长的缰绳 / 095

　　看到所有梦想都开花 / 102

　　求得与儿童的共感 / 110

　　通往成长的道路绝非坦途 / 115

　　善良、理解与闪闪发光的发现 / 120

　　美味甜点里的大历史 / 125

　　一场游戏一场梦 / 133

　　生命，始终都在生命里 / 138

第四辑　阅历之乐 / 145

　　无法想象的那些事 / 147

　　寻找心中的桃花源 / 154

　　假如你有一卷在握…… / 165

　　读读写写过日子 / 170

　　温暖而百感交集的旅程 / 200

后　记 / 205

自 序

教书好吗?

不好说,教育圈子里,隔一阵就有某某辞职闹出的动静,离开的总会得来无数喝彩。那架势表明,教书是一万个不好。是这样吗?细细想,所喝之彩,并非因不再教书,而是些别的东西。

事实上,不少辞了职的同行,还是会回到教书的行当,只不过换了地点或方式。如此看来,教书,还是好的。不然,干吗走了又回呢?

我已任教二十余年,对教书好不好算是能作一二发言的。这个好,首先是一种职业尊严与自豪感。教书还有个好,那就是和孩子一起成长。这也是与众多伟大人物提前相识并交往,从他们身上照样可以得到无数滋养。我常常想,教书人最主要的任务,就是让自己成为一种陪伴,帮助学生度过一段光阴。

教书的另一桩好,就是会伴随无数的挑战。向无处求一个有,与光阴同行,让成长发生,这也是教书的好。虽然这个好,有些艰难,有些曲折。

总括起来讲,教书的好一在专业,二在学习,三在童年。这样的好,不是什么人都能体验的——这也是本书的面向与诉求,希望从教育现象与教育实践里抓住"三好",化作文字公之于众。

这些文章,多谈课堂、谈读书,总是自"童年"入手,基于一个"学"字。"学而时习之,不亦说乎?"教书这么好的事,要实实在在好起来,还是得一部又一部书打底。教书须读书,读有字书,读无字书；读古人书，读今日书；读教育书，读童年书；读学问书，读人生书……读书这么好的事，教书这么好的事，原来是一回事。

台湾作家简媜说：

我希望每个孩子都喜欢上学，像春风吹来，每一片树叶以口哨响应。我希望每位老师教学的青春永驻，即使白发如霜亦不觉疲倦。我希望那方小小讲台是阿拉丁的魔毯，老师带领一群孩子探索生命意义，遨游知识殿堂。

教书这么好的事，我对其全部想象与努力，莫过如此。

感谢您的阅读——书中每一篇，文责在我，大家尽管指教。教书这么好的事，如能得诸位加持，当然会更好。

第一辑

漫读之言

社会日新月异，学校、教师、教育必须做出有力的回应。

让儿童阅读焕发德育的神采

儿童阅读里的德育行动

很长时间以来，在儿童阅读方面，我一直坚持做三件事。这三件事是大声朗读、好书推荐、阅读导引。最初是一件一件依次来，几年过去了，这三件事差不多同时进行着。

大声朗读

为孩子朗读具有不可思议的魔力。美国加州圣地亚哥一所私立小学的校长莫林·费登，深信朗读对孩子具有重大的教育意义。她曾经每天为全校师生朗读，后来虽因沉重的行政工作不得不缩短时间，但仍每周五为全校师生朗读。

为孩子朗读故事当然也是上课的一个环节。毋庸置疑，孩子们——无论大小，都喜欢听故事。深受人们喜爱的澳洲童书作家科林·狄力，成长于澳大利亚巴罗萨谷一个水患连连的地区。学校只有一位老师。每逢大水成灾时，超半数学生都无法到校上课，老师不想浪费时间教少数学生正常的课程，因此选择为学生讲故事。这些水灾发生的日子对科林来说具有神奇的魅力，他说他在那些日子里反而学到了更多阅读及写作的技巧。

我同样无限相信朗读的力量，而且我想，我的朗读对孩子们还有一个更加现实的意义，那就是解决他们没有书的问题——必须承认，因为种种原因，我身边不少孩子几乎没有课外书，而当我捧起一本书大声朗读时，这个问题就自动解决了。

直到现在，我的课前五分钟都是雷打不动的朗读时间。上课铃打响的时刻，我的孩子们都端坐在教室里，满怀期待，神采奕奕，等待我的声音响起。看着小朋友们个个安静得像只小老鼠，全神贯注地随着故事情节或喜或忧，我觉得这实在是难得且有趣的事。

我朗读的作品都是好书，最近正在读威廉·史代格的作品《帅狗杜明尼克》。在老猪去世以后，杜明尼克陷入了沉思：

人生突然变得太悲哀了，但却十分美丽。悲伤满溢的时候，美于是黯淡下来；悲伤过去之后，美也会再度出现。所以不知怎的，美丽与悲哀虽然截然不同，却互相归属。

孩子们聆听着这样的文字，一种静静的道德感极为强烈的氛围笼罩着整个课堂。德育在哪里？它从来不在高处，就在我们与孩子们共处的阅读空间里。

在这两年里，我先后给孩子们朗读了《小猪唏哩呼噜》《夏洛的网》《大个子老鼠小个子猫》《帅狗杜明尼克》《查理和巧克力工厂》《怪老头儿》《宝葫芦的秘密》……在这些真正精彩的儿童文学里，孩子们经历了夏洛无私又有意义的一生，体会了大个子老鼠和小个子猫之间趣味盎然的友谊，领略了帅狗杜明尼克说走就走的冒险精神，还有小猪唏哩呼噜既有趣又有人情味儿的成长。这些书不缺乏孩子们喜欢的幽默和趣味，更闪耀着人性与德性的光辉，是真正的人生种子与成长基因。我的朗读，正是悄悄地将这些留给他们，留给成长。

好书推荐

向孩子们推荐好书一直是我喜欢的事情，正像某位哲人所说，去除杂草的最好方法是在上面播种庄稼,好书的意义就在于将"缺德"的坏书赶跑。因为推荐好书,我感觉快乐,而孩子们得到我的推荐同样感觉快乐。这两年我带的是中年级,结合孩子们的情况,联系教学实际,感觉自己推荐的好书还不够丰富。回想几年前,我就开始坚持做这件事。翻开日记本,我发现在曾经带过三年的学生即将毕业时,我写过这么一篇日记:

　　早上跟许小寒同学借来她的图书记录本,上面记录着我在课上提到的一本本书,这一本本书里寄托着我曾经的理想吧?

　　想不起来是在什么时候什么情况下推荐这些书的,其实谈不上推荐,只是"提到",因为某篇课文或者读物与此有关,或者拐几个弯搭上边,就顺嘴说了出来。很多都是当时灵机一动,现在自己翻看着,只觉有趣得紧,还有些不可思议,我竟然提到了这个,还有那个,什么?还有这个!

　　感谢许小寒同学,让我可以看到我这个时段的坚持与努力。还有好几位同学和她一样,在小本子上一笔一画写下那些书名,未来是你们的,希望这一本本书在某个时刻,能够给你们必要的支持。

　　不知道将来还有没有这样的激情与勇气,先把这个书单(部分)记下来:

　　《车的颜色是天空的颜色》《帅狗杜明尼克》《大盗贼》《特别的女生萨哈拉》《傻瓜城的故事及其他:辛格童话故事集》《芝麻开门》《乌合之众:大众心理研究》《林汉达中国历史故事集》《城南旧事》《向着明亮那方》《空谷幽兰》《儿童的文学世界》《长满书的大树》《麦加菲美德读本》《论人类不平等的起源》《忏悔录》《没有画的画册》《悲惨世界》《九三年》《一个时代的侧影:中国1931—1945》《国破山河在:从日本史料揭秘中国抗战》《晚清七十年》《书读完了》《敬畏生命》《一个人的村庄》《恶为什么这么吸

引我们？》《奇特的一生》《太平风物：农具系列小说展览》《中国诗学之精神》《古文观止》《苏东坡传》《寓言的密码》《总统是靠不住的：近距离看美国之二》《淡墨痕》《马提与祖父》《星空下的婴儿：一个魔鬼情圣的自白》《老照片》《论摄影》《再见了，可鲁：一只狗的一生》《你没见过的历史照片》《包法利夫人》《羊脂球》《文心》《作文七巧》《作文十九问》《文学种子》《娱乐至死》《关于他人的痛苦》《庄子现代版》《东京昆虫物语：46则与昆虫相遇的抒情纪事》《工作DNA》《梯形教室的六个下午》《天方夜谭》《寒冬夜行人》《看不见的城市》《小说稗类》《活着》《绿毛水怪》《古典的中国：民间人性生活读本》《中国古代文化常识》《论语通译》《论语今读》《丧家狗：我读〈论语〉》《论语别裁》《小话西游》《书时光》《温故》《往事》

  我非常认同这句话："一位教师可以为学生提供的最珍贵的服务之一就是将其从一本书带往另一本书。"美国学者寒哲说过一句话："人通过阅读，而不是听课，受到教育。"许小寒同学的本子上还记着一句话："何物带咱去远方／一只船不如一本书。"（狄金森语）

  虽然是几年前的日记，但如今读到，仍激动不已，尤其是有那么一些些欣慰，因为向孩子们推荐好书这样的事情我一直在做。我愿意将这美好的种子播撒进他们的心田，让他们在成长的道路上有更多可能性、更多发展性，最重要的是有更多道德的品质、更多人生的潜力。

阅读导引

  作为语文教师，我每天做的事情就是"阅读导引"，但我在这里所说的，更多的是指课外阅读，尤其是关注儿童阅读中的德育因子，引导孩子们去读、去思、去写。在他们汩汩不息的笔下，我分明看到了他们人格的成长和道德的提升。

赵爽：我给妈妈带来了快乐。记得几年前，妈妈的外婆去世了，妈妈瞬间流下了豆大的泪珠。我看见妈妈哭了，立刻想到了一个办法让妈妈开心，我上厕所时看到衣服没洗，于是我就帮妈妈洗。我放了水，开始洗衣服，这是我人生中第一次帮妈妈洗衣服，妈妈一定会开心的。我洗完了，急忙告诉妈妈："妈妈，我帮你把衣服洗了！"妈妈明白过来，立即擦掉了眼泪，一把抱住我说："宝贝，谢谢，妈妈爱你！"我让妈妈笑了，我心里美滋滋的。（读《快乐便士》）

——这样一颗为人着想的心、关心妈妈的心，是不是很透明，给人温暖呢？

万嘉仪：我妈妈的想法是："首先，文中的母亲是一位伟大的母亲，她用无私的爱纺织了一个善良的谎言；同时，她还有细致入微的观察力。同是母亲，我应该学习她那博大的胸怀，以及对孩子倾注无私的爱的教育。"（读《童心与母爱》）

——这是亲子共读，孩子要在书上记下家长的话，这样有趣又有料的亲子对话是不是最好的家庭教育呢？

魏嘉欣：我想给同学万嘉仪买一个粉白相间的橡皮，因为我看她非常喜欢这类橡皮，她现在有一个蓝白色的，所以，我想给她买一个不一样的。（读《快乐便士》）

——同学之间和谐共处，彼此关心与照拂，才会有这么动人的情怀。在暖暖的话语里，少年的德行正在慢慢养成吧。

金鹏飞：如果我就是老爷爷，听了盗贼头儿的坦白，我会对他说：

"你这个人是一个做错事会承认的人,你一定会早点儿改邪归正。好了,你的徒弟可以走了,你呢,就留下来吧。"(读《盗贼来到花木村》)

——这是对善恶转化的认知、对人与人之间互相信任的赞美。德育的目标是什么?我觉得就是这种感受幸福、创造幸福的能力。

赵可:可能是因为"我"把那只马蜂的家人给弄伤了吧,马蜂觉得"我"很可恶,弄伤了它的家人,就反击"我",结果自己丢了性命,"我"也被它咬了,所以会重点写它。我想对那只马蜂说:"再见了,曾经愤怒的小马蜂,你的朋友和家人肯定会记住你的,虽然你走了,但你曾给它们(家人、朋友们)带来过美好记忆,希望你在那个世界一切都好。"(读《捅马蜂窝》)

——人是自然之子,对自然的关切、对生命万物的尊重与珍惜,能够生出体察、敬畏之心,这才是最好的德育的落脚处。

孩子们在阅读中写下的这些片段,明确地告诉教育者,德育绝不是索然无味、了无生趣的道德与政治说教,而是有着更多来自生活的魅力,而阅读从来都是生活的重要组成部分。焕发德育神采的儿童阅读必定会引导儿童成长,提升儿童的生命质量。

让儿童阅读焕发德育的神采

"有个天天向前走的孩子,他只要观看某一个东西,他就变成了那个东西。"法国儿童文学作家保罗·阿扎尔同样表达过这个意思,他是这样说的:

当孩子们还不具备品尝赤裸裸的真实的能力时,将真理用适合他们幼小生命阅读的文字包裹起来，让他们在阅读中将其咽入肚中，岂不是所有父亲和母亲们最光荣骄傲的一项工作？这些还未经任何腐蚀的纯真率直的灵魂，总是饥渴地吸收着隐藏在书中的信息。（《书，儿童与成人》）

同样的工作，岂不也是为人师者最光荣、骄傲的？多年以后，哲学家、教育家雅斯贝尔斯在其教育经典《什么是教育》里写道：

教育依赖于精神世界的原初生活，教育不能独立，它要服务于精神生活的传承，这种生活在人们的行为举止中直接表现出来，然后成为他对在的关注和国家的现实态度，并在掌握创造性的精神作品中得到高扬。在我们时代里，精神命运必然决定教育的内涵。

在当前的学校中，老师和孩子们一起进行什么品质的儿童阅读，也一定是孩子们所能遇到的"精神命运"之一种。每一位语文老师，尤其是小学语文老师，都应该在儿童阅读事业上开辟道路，进行实践。

苏联优秀儿童诗人马尔夏克有段话写给儿童文学作家：

艺术不是慈善事业。它不能用从这个口袋转放到那个口袋中的寥寥无几的琐细的教训来敷衍了事。为了能给读者很多东西，应该把你所有的一切都献出来。

我想，为了能给学生很多东西，我们同样应该把自己所有的一切都献出来，做一个守望者，做一个领路者，做一个推动者，让儿童阅读焕发德育的神采，让自己的学科实践成为好的德育课程，成为孩子们所遇到的最好的"精神命运"。

和孩子一起,多看美的东西

说到跟孩子谈美,就想起建筑学家、美学家汉宝德先生,他说美感是人类天性的一部分,但需要培养才能广泛地运用于生活,提升精神生活的品质(汉宝德《如何培养美感》)。有人就问他如何培养美感。他的回答总是一句话:"多看美的东西。"依汉先生的话,我想说,跟孩子谈美,也就是培养孩子的美感,就是让孩子"多看美的东西"。

汉先生说美感是人类天性的一部分,大概是因为在生活中,美本来就是无处不在的:天地玄黄,日月星辰,是宇宙之美;四季流转,桃李芬芳,是自然之美;人间冷暖,友爱互助,是人情之美;横槊赋诗,吟风弄月,是文化之美;博览群书,下笔有神,是智慧之美……跟孩子谈美,就是带着他去发现这些美,看到这些美。

说一件我自己孩子的事。

一次,一家人观看了电影《我在故宫修文物》。九岁的女儿非常喜欢,看完后,还让我把《我在故宫修文物》电视纪录片找给她看。我开始时想不通,电影里讲的都是离小朋友的生活很远的东西与事情,她怎么看得津津有味。后来,从她与我的交流中,我忽然明白过来,是因为这部电影里的美打动了她,或者说,她真的从中看到了"美的东西"。

第一,文物是美的。电影中所修复的那些文物,无论是书画,还是塑像,抑或是那些钟表,都精致美妙,巧夺天工。即使是一尊断了手臂的木雕菩萨,也能让人感受到她的慈爱与悲悯。

第二，修复是美的。文物修复师的手艺令人震撼，修复技术神乎其神，让文物焕发新的光彩。这让我也大开眼界。

第三，文物修复师们是美的。他们气定神闲，安安静静，在故宫的某个角落里，将自己的人生与文物结合在一起。女儿最喜欢钟表组的王津师傅，他温文尔雅，说话慢条斯理，工作时的那种"静气"特别美。他说，他所修复的钟表，至少能保五十年，五十年里就不必再大动了。我想，人这一生能有多少年，能做多少事？这句话里有多少人事沧桑，时间感、命运感瞬间就出来了，这能不美？

第四，这部电影是美的。剧组深入故宫拍摄，人物、画面、色彩、配乐，古老的文物、年轻的生命、全新的时代，相逢在镜头里，有情有境，打动人心。

以上种种，也许并不能被女儿一一把握，不过，的的确确，她看到了一些美的东西，感受到了其中的美，并且喜欢这样的美。话说回来，这也与她此前的阅读有关，她一直对考古感兴趣，长大后想做个考古学家，因此看这部与文物有关的影片，也就更加投入。

这件事让我印象深刻，因此我更加同意汉宝德先生的判断，和孩子谈美也好，培养孩子的美感也好，重要的就是让他们在生活中看到"美的东西"。中央电视台的《中国诗词大会》《朗读者》节目特别受欢迎的原因，个人认为，就是这两个节目都让人看见了"美的东西"。这些"美的东西"是什么呢？引用李泽厚先生的话，这两个节目展示的"正是可以使你直接感触到的这个文明古国的心灵历史"，"时代精神的火花在这里凝冻、积淀下来，传留和感染着人们的思想、情感、观念、意绪，经常使人一唱三叹，流连不已"（《给孩子的美的历程》）。

如今，有很多学校致力于传统文化的教育与推广。我觉得，本质上，这正是让孩子们面向传统文化中的美，与他们谈论这些美。这当中也有审美的要求，能否达到这一要求，正取决于在教育与推广过程中，能否让孩子们看到传统文化中那些美好的乃至永恒的东西，如学者韦政通先生所标举的"中国文化十大特征"——"崇尚和平""乡土情谊""有情的宇宙观""家庭本位""重德精神"等。近两年，我构思并开发了"中国古代故事导读"课程，从历代典籍里选择合适的神话、志怪、传奇等，编制选文，以主题分类，用合宜的方式进行教学。其源头就是我在阅读中，发现这些故事里有很多中华文化传统，体现着古人流传下来的规则、理念、秩序和信仰，能够很好地让孩子们"看见"。当我们一起读《潇湘录》中的《于远》《汾水姥姥》时，孩子们看到了古人对"善"的肯定与追求，而且这种"善"还是无功利的。这让孩子们很诧异，因为他们一直以为古人最讲"善有善报"。然而，冲着报答而行善，那还是"善"吗？他们陷入美的沉思。在导读课上，我与孩子们一起在"这多义、朦胧和不明确性的领悟琢磨"（李泽厚语）里，看到传统里的好东西，读出一些中国传统的味道和兴致。成尚荣先生指导我的教学时说，这正是以"中华美学精神"为点，在进行深度教学。我想，我们所进行的就是深度的"看见"——与孩子谈美。

在课堂教学中，如何让孩子们看到"美的东西"？例如，我用比较阅读策略教一首诗歌，在教学中，孩子们看到了一首真正的好诗里的"美的东西"。

这首诗是《老师，您好！》，来自苏教版小学语文四年级上册，主题是赞美教师事业的崇高，然而诗中大词较多，近于口号。此前我已经教过几轮，上学期再次遇见时，我有意尝试引入同期阅读到的诗人陈斐雯的一首儿童诗《养鸟须知》，进行比较阅读。

大致过程如下。

第一天上午，读课文《老师，您好！》，引导孩子们关注课文结构，提问并交流："从哪些句子中可以读出'崇高'与'美好'？找出诗中的比喻，说说其含意，读解全诗。"然后指导生字书写，布置背诵。接着导读《养鸟须知》：范读，个别读，分组读，齐读；指点部分词语，叙述诗歌大意，拎出诗眼"我把鸟儿'养在天空里'"，就如何理解诗意说各人感受，通读全诗。

第二天上午，背诵《老师，您好！》，读《养鸟须知》。

读毕，开始讨论。

我先提问："现在请同学们想一想，这两首诗给你的感觉是否有不同？你更喜欢哪一首？说说自己真实的想法。"

孩子们自由朗读、思考。

开头三个孩子全说喜欢《老师，您好！》，理由有"诗里用了比喻的手法，如春蚕、甘露……""这首诗讲了要尊敬老师"……

这是孩子们阅读水平有限与心性之单纯——教材总是最好的——的双重显现。

我没着急，接着问道："是否有和他们不同的感受？说说你的感受就行。"

戚紫玥站起来说："我喜欢《养鸟须知》，因为作者说'常常看见你／在鸟店徘徊留连'，她很会观察，看到这个人在鸟店里，而且还能看到这个人心里在想什么。"

戚紫玥开了个好头，我在黑板上写下"观察"，说道："没错，《养鸟须知》里作者观察了要买鸟的人，她看得很仔细，能看到那个人心里想的东西，她的诗来自'观察'。"

我又追问："对比《老师，您好！》，如果要写老师，应该观察些什么？"

朱佳说："老师平常上课，为我们改作业，在办公室里辛苦工作等。"

"诗里有没有？"

"没有。"

我提示一句："《老师，您好！》用了一些很'大'的话告诉我们老师怎么样，没有用观察到的细微的事或情来写老师。"

姜锴说："我喜欢《养鸟须知》，'我请大风陪它们赛跑／如果累了便躺在云上喘口气／如果吃腻春天的食物／夏天自然会有新奇的菜单／夜晚如果困倦／每棵树都可供高枕安眠'这几句话，我读了感觉非常舒服。"

"怎么就舒服了？"

"因为'我'让小鸟玩儿，它们很自由，还给它们食物。"

"你感觉到了吗？这几句话里的小鸟已经不是普通的小鸟，作者已经把它们看作——"

"朋友！"很多孩子大声接道。

我板书"温暖"。

赵林很快接上来："'养在天空里／养在雨后的电线杆上／养在阳光午睡的草坪／养在你正提笼散步的小公园'，我感觉这些地方很漂亮，鸟很自由。"

我肯定了他的说法："诗人为什么说了这些地方？就因为在她的心里，这些地方给了小鸟自由。"

我再板书"心灵"，同时提示道："真正的好诗总是发自内心，又去往读者的内心。"

"能再说说吗？这两首诗还给了我们什么不同的感受？"

孩子们一时无话，我又板书一个词——"含蓄"，并简单介绍什么叫"含蓄"。

朱濛举起手，娓娓道来："《养鸟须知》里没有要我们怎么去爱鸟，在诗句里作者用自己美好的行动告诉了我们要爱鸟；《老师，您好！》里是直接说老师怎么怎么样，所以才说'老师，您好！'。"

太棒了！

孙玲说："我喜欢'我一点也不担心／如果真的十分想念／一抬头便能相见'。作者特别大方，其实这只鸟不属于她，但好像又属于她，因为一抬头总是能看见。"

说得多好，我频频点头："这是一种大气，大家看，人与鸟都很自在，彼此紧密相连，没有伤害！"

"这首诗读起来特别轻松，当我读到最后几行时，感觉真好。"

这已经关注到了诗的分行与节奏，我果断追问："好在哪里？"

"很愉快，我好像看到了成千上万的鸟，在安宁地生活。读的时候也不用拼命用力，而是自然而然地读着。"

通过几番对比，孩子们有阅读，有发现，诗情弥漫在课堂上，我真觉得自己不用再饶舌，顺势小结道："同学们讲得很好，你们用自己的比较读出了一首好诗！"我将黑板上四个关键词框起来，标注上"好诗"——

> 好诗
>
> 观察　暖灵
> 温心　含蓄

我接着说道："一首真正的好诗是什么样的？在《养鸟须知》这首诗里，至少有这四个方面（指着板书）。我希望同学们以后多读诗，多读好诗，多多体会好诗的'好'，那会是一件很享受的事情。"

当我回想这节课的时候，我发现，从语文教学的角度来看，我与孩子们的讨论是联系文本发现诗歌的妙处。说到底，我们所进行的欣赏与分析，其实就是对诗歌之美的发现：好的诗歌，一定是美的。依据孩子们的发言，我点出的几个关键词，是大家认为《养鸟须知》之所以好的原因，而这也就是这首诗美的所在。再进一步推演，如"观察"，如"心灵"，如"温暖"，应该是一切好诗的"美"之所在，就像诗人里尔克所说的那样：

诗是经验。为了一首诗我们必须观看许多城市，观看人和物，我们必须认识动物，我们必须去感觉鸟怎样飞翔，知道小小的花朵在早晨开放时的姿态。我们必须能够回想：异乡的路途，不期的相遇，逐渐临近的别离——回想那还不清楚的童年的岁月；想到父母……

所以，本节课的比较阅读，能够抓住的"好"，只是一小部分，但其意义，不仅是以一首好诗替代了一首不那么好的诗，创造了一次独特的诗教阅读体验，更在于对比较阅读策略的运用，使孩子们可以透过诗的表面看到其内在的好。这是一次有意思的诗歌之美的沉潜涵泳。总之，对美的发现，可以在比较阅读当中实现。

有意思的是，后来我才知道，原来汉宝德先生在分析美的时候，特别推崇比较的方法，因为"利用比较法不仅可以说明美的程度，而且可以说明美的要素"，美是由形式、色彩、质感、装饰所形成的，一物何以较另一物为美，无非是这四种因素的影响，故而用比较法正能"说明某物之美，或某物较另物为美，是什么因素所形成的"。

最近一次体会这一点，是跟孩子们交流段成式《酉阳杂俎》里有关天文学家一行的故事。开元年间，僧人一行主持了世界上第一次对地球子午线的实地测量。当我和孩子们找出测量年份，按照时间点将同期世界上几个地区的情况摆下来时，历史的尘烟迅速褪去，中华文明的辉煌时刻一下子就来到面前。孩子们惊讶地发现，盛世大唐真是走在了全世界的前面。真正美的东西用眼睛是看不见的，需要用心。面对有关美的话题，运用恰当的比较，正是师生之间便捷又准确的用心。

就美育而言，学界越来越有共识，那就是"日常生活审美化"与"生活美学"不但已经是美学研究的发展趋势，而且对教育和每一个人的生活都具有非常重要的意义。因此，如何跟孩子谈美，答案并不在语言上，而在行动上，在生活上，或者说是如何与孩子们共同过一种审美的日常生活。西哲有云，未经反思的生活是不值得过的。事实上，没有审美精神的生活也是不值得过的，一个人只拥有此生是不够的，他还应该拥有诗意的世界。

女儿对故宫、对文物感兴趣，是因为通过阅读与观影有了这方面的接触与感知。她读过不少历史故事。我们曾带她在上海博物馆参观数日。有一次在公园里她捡到了一个碎瓷片，搁在手里琢磨了半天。我估计那是隔壁咖啡馆打碎的盘子的一角，而在她的想象中可是直追唐宋，这有何不可？这正是她的审美想象。

当然，知易行难，在这一点上，最有必要的，大概就是为人父母、为人师长的，首先要过上有审美精神的生活，与孩子一起多看美的东西。李泽厚先生用《美的历程》这本书带着中国人对中国古典文艺进行了一番巡礼，但愿每一位教育者，都可以让美成为一种心灵习惯，以自己审美的精神，用审美的方式，与孩子们在每一天进行生动而快乐的美的巡礼。

做一个真读书的人

实在没想到，2016年"世界读书日"时，我会坐在商务印书馆里。因为一个美好的机缘，在如此庄重的场合度过这个读书日，真的是难忘啊。

我是4月23日早上6点钟到北京站的，接着坐地铁，半小时左右就到了商务印书馆。当时进不去，就接着向西走，走到了天主教东堂。在那堵小墙前张望片刻，走进去，穿过广场，欣赏了高大恢宏的建筑后，我就进了堂内站了一会儿，最后走出来，坐在门外的长椅上看书。随身带着邵燕祥先生的《旧时燕子》，读着读着，读到了《十字架》一篇，结果，就在第280页，我一翻开就读到这么一句："他从小住家邻近天主教东堂，他是一个虔诚的天主教徒，因为，他接触过一些老教徒待人都很好。"一瞬间，我整个人就愣在那儿，特别激动，也特别感动，这实在巧合。大清早来到北京，又来到商务印书馆，然后没地方去，在天主教东堂一顿溜达，再打开书来，"天主教东堂"就在书上这一页第一行，书里书外，同时来到我面前，简直神奇。

说实在的，这片刻的神奇巧合，带给我对阅读无限的温情、期待，又那么中正、平和。正是因为这样的缘分，我热爱阅读。事实上，总是有这般美好的事情发生，你又怎么可能不爱阅读？而一个爱阅读的人，又怎么会不爱推动阅读呢？

那天的读书论坛主题是"寻找中国的阅读传统"，要求与会人员来谈有关推动读书的经验。其实，我常常想，推动读书的实质是推动自己，推动读书最终带动的是自己的成长。我正是以这样的心态来看待、从事个人的推动读书实践的。若说经验，就好像问我自己："你是怎么成长起来的？"我想，无非就是读书、教书、写作。我一直觉得，自己并没有做什么了不起的事情，也没有什么高大上的经验，所做的事情都是些日常小策划、小设计，比如，办童书讲堂、办读书小报、编班刊等。这些很多老师都在做，而且做得很好，或许，只是时间让我做过的这些事情变得重要，变得有意义了。回望过去的读书与推动读书，我倒是想起一句老套的话，叫"在看不见的岁月里熠熠生辉"。那么，在这些已经过去的、即将到来的"看不见的岁月里"，对推动读书，我到底有怎样的体会和愿望呢？想来想去，我想到了三点。

一是做一个真读书的人。

我想，"读书"与"真读书"还是有区别的。这个"真"字，意味深长，是真正读，是坚持读，是会读……读书不是说出来的，读书是"读"出来的。如果不读书，或者读得少，那么，又拿什么奉献给亲爱的同仁，奉献给可爱的孩子？只有真读书的人，才是真正可以做推动读书的人。这一点，想必是毫无疑义的。在儿童阅读方面，我读到了《帅狗杜明尼克》《小猪唏哩呼噜》《夏洛的网》《草房子》《吴姐姐讲历史故事》……在专业阅读方面，我读到了《叶圣陶语文教育论集》《给教师的建议》《重建教师的精神宇宙》《生活体验研究：人文科学视野中的教育学》……还在日常阅读中读到了很多文史哲著作。正是有这些阅读打底子，当我在推动读书时，无论是面向老师，还是面向孩子，才有话语，有底气，有好东西。真读书，为的是真推动，是推动的源头。我是这么想的，也就这么做了。

二是做一个爱分享的人。

"推动"这个词，其实就意味着分享。我读到一本好书时，总是忍不住要与身边的同伴或者孩子分享，当我说出口时，推动就开始了。推动不是刻意的设计，也不是自以为是的推荐，恰恰是带着自我阅读精神与温度的随性分享，哪怕是对某本书的一声赞许，是对某篇文章的一次朗读。这就是分享，这就是推动。所以，爱分享，对推动读书而言，非常重要。很久以前，我在个人博客"远去的春秋"里曾有一个栏目《购书记》。隔三岔五就把自己近期购买的书列出书名、排列齐整贴上去，有四五年之久，引得好些爱书的友人驻足交流，并影响了常读我博客文章的一大批老师。后来我想，这不就是推动读书吗？而且，这样的推动还不是言传，而是身教，让老师们、孩子们看到我在买、我在读、我在讲。有时想想，我觉得自己是很喜欢分享的，抄书、写书评，都是在分享，并没有谁要求我这么做，但我就是做得乐此不疲、津津有味。爱分享，是推动的动力。我是这么想的，也就这么做了。

三是做一个会喝彩的人。

记得还在小镇上时，有老师告诉我一件事，"远流"读书会的成员到了夜里 12 点还在相互打电话，问：这会儿还在读吗？读什么？读到了哪里？听了以后，欣喜而激动，同时给老师们以最热烈的赞扬。我还专门在读书会上讲述此事，并请他们现身说法讲一讲近期读书情况。当然，我也提醒大家，再怎么读都要注意健康第一，读至午夜实在是辛苦了。对这么好的阅读状态，当然要大大地喝彩。推动读书，就是要关注老师，关注孩子，哪怕他们只有一点点行动或进步，都需要推动者毫不吝啬掌声，以让他们感受到读书带来的乐趣和喜悦。这会让他们产生进一步阅读的能量。会喝彩，还有另一层意思，那就是推动者要会办活动，设计阅读，组织交流，让老师和孩子们不但有深层次的自我阅读，还能享受到高质量的读书交流，彼此关照，彼此喝彩，共同成长。还有，收集老师的读书笔记办交流刊物，或将它们投向报刊等，都是喝彩，都是在激励老师读下去，读下去……会喝彩，是推动的催化剂。我是这么想的，也就这么做了。

这三点，卑之无甚高论，完全就是我的日常所为、日有所思。在推动读书一事上，要的就是有一颗单纯的心，成为一个单纯的人，想怎么收获，就怎么栽种。

来北京前，孟素琴大姐问我要不要发言，如果想发言就提前做准备。当时听了她的话，我就坐在办公室里想啊想啊，想着这几年走过的路、做过的事，突然就想到了我特别喜欢的台湾歌者胡德夫先生的一首歌《最最遥远的路》，歌词来自泰戈尔。

这是最最遥远的路程
来到最接近你的地方
这是最最复杂的训练
引向曲调绝对的单纯
你我需遍叩每扇远方的门
才能找到自己的门　自己的人

这是最最遥远的路程
来到以前出发的地方
这是最后一个上坡
引向家园绝对的美丽
你我需穿透每场虚幻的梦
最后走进自己的田　自己的门

多年来，胡先生激昂动人的歌声总在我心中回荡，我总觉得，这几行歌词里其实藏着很多推动读书的秘密，但愿，我们参与推动读书、乐意推动读书的每一个人，都能安安静静、实实在在地走过这"最最遥远的路程"，"在看不见的岁月里熠熠生辉"。

犹如星辰秘史的阅读之趣

2018年12月的第一天,又一次来到深圳旧天堂书店。在书架前徘徊良久,无意间看到诗人、评论家凌越的一本诗集《尘世之歌》。凌越是我很喜欢的作者,当年有一份很好的电子杂志——《独立阅读》,凌越是撰稿人之一,我从他的文章里收获过很多关于阅读的锐评与灼见。知道凌越写诗,但不知何故,竟然错过了他这本2012年出版的诗集,于是赶紧拿在手里。继续搜寻,来到旧书区,看到一本《〈读书〉现场》。这书我有,是三联"《读书》精选"系列里的一册,也算故友重逢,顺手抽出来,就看到封底贴着的一个小标签,上面写着"老友书 凌越"。什么?我定定神,又看了一眼,确实没错。难道这是从凌越那里收来的?心念一动,翻回扉页,果然,上面有凌越的签名。这也太巧了,非常开心地把这本书也收了下来。

真的,与书的相遇就是这么绝妙且自然,没办法不感叹,因为阅读,因为书籍,生命中的确能有更多天光、更多云影。其实,我现在越来越认定,阅读就是一件平常事,不用把它拔得过高,所谓阅读推广,最好的对象不是他人或者学生,而是自己,自己长久地做个普通读者,正是推广之路的第一步。可是,毫无疑问,某些时候意外且美好的相遇,仍然如闪电一般击中我,让我为之触动,久久回味,更忍不住想告诉更多人这书前书后的乐趣,就好像那个下午,在"旧天堂"遇到凌越,遇到他的两本书:一本是他写的,一本曾属于他。我想,对我来说,这正是生活所给予一个喜欢书的普通读者的"尘世之歌"。

回望2018年的阅读，带给我欢欣与愉悦、沉思和启迪，让我同样感受到或美好或荒凉的"尘世之歌"的，还有另外几本。第一本来自导演贾樟柯，《贾想1996—2008：贾樟柯电影手记》出版九年之后，《贾想Ⅱ：贾樟柯电影手记2008—2016》终于来到。这本握在手里仿佛一册软面抄的书是我2018年所读的第一本新书，1月4日到家，随即开读。必须承认，以贾樟柯的写作才华，做个专栏作家同样绰绰有余。本书收录了他2008年到2016年所写的十几万字文章——关于电影、关于创作、关于中国、关于人，文字干净，总有风雷凛冽，像《侯导，孝贤》，传诵一时。我尤其喜欢书中的对谈与演讲，有一篇题为《我是叛徒》，刚劲有力，铁口直断，最后有这么一番表达：

如果我们想获得自由，我们不能仅仅依赖网络，我们不能仅仅依赖外部制度的改变，我们更应该依赖的是我们自己，一个个对自由有渴望的个体。

对教育工作者，这当中每一个字都适用，以怎样的面貌、怎样的热情、怎样的渴望来做教育，这难道不是每个人先要思考的？多年来，我个人钦佩贾导，除了因为他的力量，更因为他的谦卑。书的序言里有一段说得太好了，他是讲述他的心声，却刺破了时代的某些真相，值得所有人凝视并反思。

持续的学习和思考，一直在帮助我压抑自我的膨胀。知道真理不容易在手，也就不再强词夺理。知道万物有灵，也就不再唯我独尊。一点一点，是持续的行走、读书、思考，让我变小。是的，只有谦虚才能帮我保留体面。

这一年来，我感觉我的课堂发生了一些变化，我努力让自己在其中变小，再变小……重读到此，不禁想，难道这是贾导暗中教我的？——也不能往自家脸上贴金，实在不体面。不过，2018年贾导新作《江湖儿女》公映，我的确到影院支持了一张电影票。看着银幕上的巧巧，我忽然想，将来还会有《贾想Ⅲ》吧，那会是什么时候？又得等九年吗？嗯，这个问题也挺"贾导"，正与时间相关。

时间，这看不见摸不着的东西，藏着世间全部的身体和灵魂、行动和瑟缩、伟大和下作，"尘世之歌"，本质上就是时间之歌。2018年深深打动我的另一本书正与时间相关，它是张新颖先生继《沈从文的后半生：一九四八～一九八八》之后，接着倒回去写完的《沈从文的前半生：一九〇二～一九四八》。本来张先生没打算写沈从文前半生的经历，在他看来，已出版的相关传记讲得足够翔实而精彩了。但是，在完成《沈从文的后半生：一九四八～一九八八》之后，他的想法有所转变。一来是这些年有一些新的材料；二来更重要的是，沈从文的后半生重新"照见"了前半生，他由此生发出对沈从文的新的理解。张先生受此触发，完成了同样厚重而好读的《沈从文的前半生：一九〇二～一九四八》。就跟当年读《沈从文的后半生：一九四八～一九八八》一样，我不眠不歇，一口气读完了三百多页的"大"书。是的，沈先生当年说他读一本小书时同样在读一本大书，他自己的人生真是不折不扣的大书。1948年沈从文留给时代的背影，是一个有"悲哀的分量"的背影。从这个背影再回头看他写于1934年的一段话：

我的工作行将超越一切而上。我的作品会比这些人的作品更传得久，播得远。我没有方法拒绝。

其中的自信与无畏只会令人感觉更加悲哀、更加无奈。这时候的沈从文大概怎么也想不到他的创作生涯不过就剩十三年了。此刻的喝彩，意味着日后加倍的寂寥，幸好他是天才，天真的预示里是对自我的接纳、对生活的确认、对时间的领悟。沈从文认为，一个人要认识自己，就需要沿着自己的生命来路去追索。"前半生"读完，我又把"后半生"翻了一遍，读着读着，发现张新颖先生正是在践行沈从文先生的期望，沿着他的生命来路去探索，重新探求了他作为一个"人"的生命来路。读完这两本书，唯有叹息，没有谁能勘破时间的秘密，却也无须消沉，历史终归"有情"。沈从文用另一种方式书写了后半生，"对人生'有情'，就常和在社会中'事功'相背斥"，"事功为可学，有情则难知"！一个"有情"，是他不圆满却未必遗憾的一生。

书读后不久，与女儿沿河漫游，撞见一座灯塔，我们走上河里的木排，遥望许久。轻波荡漾，水声微响，沈从文的句子浮上心来：

从那日夜长流千古不变的水里石头和砂子，腐了的草木，破烂的船板，使我触着平时我们所疏忽了若干年代若干人类的哀乐！我看到小小渔船，载了它的黑色鸬鹚向下流缓缓划去，看到石滩上拉船人的姿势，我皆异常感动且异常爱他们。……三三，我不知为什么，我感动得很！我希望活得长一点，同时把生活完全发展到我自己这份工作上来。我会用我自己的力量，为所谓人生，解释得比任何人皆庄严些与透入些！

尘世之歌，莫过于此。

侧耳倾听，这一年，萦绕耳边的，尚有《宋徽宗》《长乐路》《出梅入夏：陆忆敏诗集1981—2010》《文心雕虎全编：1999—2016》《秦汉儿童的世界》《世界的渡口：蓝蓝诗集》《泥手赠来》《刺杀骑士团长》《重读八十年代》《世界尽头的歌声》……诗人泉子说，

"每一个人生命深处的羞愧成就了这伟大的尘世"。面对这些书，除了有尘世的欢乐，也有无知的惶恐。不断有人问我为什么要读书，可是读书实在不需要理由，读书就是读书，一定要说的话，或者是喜欢，或者是需求；或者为求知，或者为消遣。在我，大概还会多一个，那就是谱写一阕私人订制的尘世之歌。我活着，我阅读，仅此而已。

当然，仔细想想，这么说也不完整，从事教师职业，教书的同时怎么能不读书呢？由此，读书于我，也更多了一些审慎的反思与实践的行动，有如寂寞者的观察。

在这方面，今年（2018 年）所读的，最值得一说的是张文江先生的《古典学术讲要》与成尚荣先生的《儿童立场》。张先生这本书是重读——出版八年，已经忘记读了多少回了，今年又出了修订本，二话不说，再次订购，重新阅读。暑期在苏州半书房参加"顺道"讲演，以此书为话头，做了一个主题为"阅读所在"的发言，既是谈感悟，更是向此书致敬。马克思说，一切已死的先辈们的传统，像梦魇一样纠缠着活人的头脑。张文江先生直面这些纠缠着活人头脑的先辈的传统，选择比较深入浅出的古代经典篇目，字字句句进行讲析，试着清理它们的源流演变，并探讨它们和现实生活的联系，从更大的背景来说，也是在寻求中华学术在世界文化中的位置。博古通今的张先生以其深厚的积累、生动的讲解、通透的联系，将我们带到古典面前，"低头饮泉水一滴，已可尝源头活水的滋味"。从阅读与教学两个角度出发，均能感受《古典学术讲要》的厚重与博大。"好的教师永远把自己当学生，而学问有些至深之处，只有当了教师才能学会"，这句话，是将之深深刻入心底了。

《儿童立场》是成尚荣先生厚积薄发，于今年推出的教育文丛之一册。在我心里，成先生是哲人，是诗人，因此，他的教育观既有哲思，又有诗意，《儿童立场》正是这样一本哲思与诗意兼备的好的教育书。对"儿童立场"这一表达，我曾借用过村上春树的一句话，他说："在一面高大、坚固的墙和一只撞向墙的鸡蛋之间，我将永远，站在鸡蛋的一边。"

我说，真正的儿童立场，就是"在一面高大、坚固的墙和一个撞向墙的儿童之间，我将永远，站在儿童的一边"。这是教育的起点，真正的起点。都说要让儿童站在课堂中央，如果没有恰当的儿童观，不能以儿童的视角思考并观察，那么，这个"中央"，是怎么也让不出来的！没错，成先生用一本书回应了这个"让"——为什么要让？让给谁？怎么让？让了会怎么样？就我的观察来说，如果一个人能答出以上四问，那么，"儿童立场"就不言而喻，尽在其中矣。

说到《儿童立场》，倒不能不提一提作家凌拂的《山童岁月：通向孩子心灵的15条小径》一书，这是今年阅读中的意外收获。这一册出版于2012年的教育书，有着飞一般的童年心性。作为资深教师，作者没有把儿童挂在嘴边，但眼里、手下皆是儿童。由此反观出大人的短视与潦草，"情境未到的时候急不得。面对孩子我们常期望立竿见影，事后返观，'急'只是我们内在的无明"。她讲了很多故事，带出一种"从容、缓慢且睿秀"的教学情境，它看不见，摸不着，只能靠感觉，可是它最关键。说到底，所谓"情境"，正是"生命"，这才是在今天近乎泛滥的"创设情境"之上，人人均须在意、均须着紧的东西。

什么是"寂寞者的观察"？为什么须是"寂寞者"的观察？读着这些极好的教育书，我时常欢喜，而又无比安宁，慢慢寻着答案。年初读影评人梅雪风的《虚无的质感：一本谈谈人生的电影Mook》，他讲了"两个有关厕所的故事"，献给电影人的领悟是："平常心，不自我感动，也不自我粉饰，这未必是你拍出伟大作品的充分条件，却是必要条件，不具备这点，你永远只是在通向伟大的路上表演。"

对教育人而言，这不也相通吗？这正是寂寞者的姿态——"平常心，不自我感动，也不自我粉饰"。见过太多专注"表演"的同仁，有时真想问问：你还寂寞吗？你有多少独处的光阴？对你而言，书已经读完了吗？

"语言的本质是一种质询"，法国哲学家伊曼纽尔·列维纳斯如是说。我以为，阅读的本质与之高度接近，寂寞者正是通过不间断的阅读与观察，获得这种质询的力量，若非如此，又怎能抵达事物和自我的内里？今年又读了几册河合隼雄的书——《猫魂》《青春就是梦和游戏》《故事与神奇》。阅读河合先生的书，就是对他的汲取和对自己的追问，问得越深，收获越大。还读了徐贲《经典之外的阅读》、傅国涌《新学记：中国现代教育起源八讲》、赫胥黎《长青哲学》、黄德海《诗经消息》、王笛《袍哥：1940年代川西乡村的暴力与秩序》、王汎森《思想是生活的一种方式：中国近代思想史的再思考》、薛仁明与王肖的对话《我们太缺一门叫生命的学问》、山中康裕《孩子的心灵：儿童心理分析案例》、刘擎等著《季风青少年哲学课》、潘向黎《梅边消息：潘向黎读古诗》、李娟《遥远的向日葵地》……阅读就是对话，不断与作者、与书对话。

说到"对话"，下半年先读贾志敏老师的《积攒生命的光：贾志敏教育口述史》，再读于永正老师的遗作《我的教育故事》，都是与前辈对话，从中深深获益。这些老先生，一心为学，一心为生，留下来的只言片语，也足够我们这批后生好好学一阵的了，何况这两册书，真以生命写成，读者当精研而求达诂。暑期还读了一册《为孩子重塑教育：更有可能成功的路》，这本书书名就好，开宗明义，是当下教育人所面临的主要课题：做什么样的教育？如何重塑？能做到的有哪些？书里以详尽的调查和数据及模型分析，告诫老师们，现在这个世界，最重要的早就不是你知道什么，而是能利用你知道的做什么。社会日新月异，学校、教师、教育必须做出有力的回应。未来已来，迫在眉睫，如桃夭老师的书名所示，"种下一间教室"，该是教育者的追求了。

联系上述问题推演一步,"寂寞者的观察",也是阅读的光亮引出来的。这一点,对儿童阅读推广尤为必要,如散文家、儿童文学研究者赵霞在《我的湖》里所写的:

对于阅读的光亮和气息的感受或许比阅读内容本身更为重要。它所培育起来的那份对阅读的珍惜和爱慕之情,比许多书籍的内容更深刻地影响着我们内心深处对于阅读的态度……

看起来,教育者首先需要好好培育自己,不断感受阅读的光亮。顺便说一句,《我的湖》也是2018年阅读中一次美的相遇。难道不是吗?阅读是人与书的相遇,也是人与人的相遇,留下来的文字,就像贾导的制片人老何丢在戈壁上的石头,"告诉我去过何处,身在何方"。唯其如此,我更觉得,最好的"年度阅读报告"既能指向过去的一年,也能揭示将来的时刻。比如,刚刚收到作家殷健灵女士的新作《访问童年》;再有,禹田文化推出的"白鲸国际大奖作家书系",其中《亲爱的爸爸》《鱼骨之歌》《知道你爱我》,温暖而明亮,正是我将去的地方;还有《我妈说》《真的假的小时候》,这两本书太可爱了,可爱到我看了封面好久好久,没舍得撕开塑封。叶夫图申科有诗曰:

凡人皆有其趣,人之命运犹如星辰秘史;凡人皆有特点,恰如星斗各各相异。

想起迟子建在《北极村童话》里的话:"我的北极村,它代表了一切,代表了我整个的生活世界、文学世界。我觉得只要把这个村庄领悟透,咀嚼透,我就拥有了整个世界。所以我后来就说,我见到了更绚丽的人和更多的风景之后,回过头一想,世界其实还是那么大,它只是一个小小的北极村。"我当然知道，人世间的欢乐与哀愁，远比读书更紧要，贾导有一段话就说这个："这是我们的日常，是我们必将经历的生活。如同老虎奔走在山林，它没读过书，但它有它的世界：每一棵树、每一条小溪、每一块石头，都是它的世界。"然而，对书、对阅读的这一点儿乐趣，或许是我犹如星辰秘史的命运，那么，就任着时间漂流，由它给我一个恰如其分的终局。此刻，我只想与手中这册《拍电影时我在想的事》作者是枝裕和先生一样，将这一年来从书籍中感受到的敬畏和憧憬传达给每一位读者，哪怕只有一点点，那它就不是没有意义的。

就跑了趟厦门

一

事情得从2018年5月底说起。

有一天，我忽然收到公益助学组织担当者行动的陈美玉老师发来的一条微信，说8月份有一项公益培训，问我能否参加。当时我在忙，到第二天才回复，考虑到拖在手里的一件事估计8月份不消停，于是委婉拒绝了。蛮过意不去的。回复之后，想了半天，想不起来怎么会与这位素不相识的他或她，更大可能是她，加上了微信，完全不知道对方是谁，加了微信也从来没有说过话。当晚，陈老师回复，表示理解，说要"耐心等待合适的机缘"。我以为这事就过去了，没想到，一天后，陈老师又发微信说，又来打扰，7月份还有一场小范围的培训，在哪天哪天，如果8月份忙的话，7月份不知能否排开……说得客气而诚恳，并且说岳乃红老师也去。不知为什么，我不好意思再拒绝，虽然仍然不知道对方是谁。微信是5月30日中午收到的，到5月31日上午，我回复过去："陈老师，您早上好！谢谢您，谢谢您！太感谢您的厚爱了，我真不能不识抬举……那，答应您！"

事情就这样成了。一个半月后，7月16日傍晚，我到了厦门。

二

7月14日那天，在"百班千人"读写计划温州瓯海研习营会场，新蕾出版社的郑雪老师坐在前面翻杂志，翻完了正要收起来，我瞅准时机跟她借过来，发现是第六期《人民文学》，正好是儿童文学专辑，里面有赵丽宏先生的《黑木头》。另外还有几首诗，感觉真好，拍下来，发朋友圈。有一首题曰《从容地等待春天》。

> 从容地等待春天
> 我用一生陪伴的轮回
> 扬起风霜打磨的枝柯
> 在白发边舒展新绿
> 在干枯的掌上绽开花蕾

在朋友圈发出一个多小时后，厦门的潘老师留言，问这首诗是谁的作品。我回复说作者名叫"薄暮"。她收到后打个招呼，问我："暑假会来厦门吗？好茶等您！"接着她发了张茶盘，上面有把紫砂壶，很入眼。

我心里"哇哦"一声，这时距出发前往厦门，还有整整48个小时。可是，怎么好意思去打扰？但是，又怎么能扯谎？我抓耳挠腮，以"贤二"表情符作复："感恩。"去与不去，在不言中。

三

16日，在原本计划到达的时间出发。赖在候机大厅里翻了好一会儿卡尔维诺，《好的目的》里那位"优秀的读者"，大概是无数普通读者的个人写照，入木三分。

飞行中途，抽出座椅里的国航刊物，里面有好多奢侈品广告，有个专题还不错，看到最后，出来一篇好文章——潘采夫的《所有的路途之上，都是人类时间的剪影》。这篇文章以前好像就读过。文章开篇引用翟永明的《在古代》，这是一首极好的诗。

>……………
>在古代　我们并不这样
>我们只是并肩策马　走几十里地
>当耳环叮当作响　你微微一笑
>低头间　我们又走了几十里地

这意境，是对《从前慢》的绝好的阐释。

低头间，我坐在飞机上，飞了三千里。傍晚5点半，与之前加了微信的担当者杨美琴老师接上线，出了机场。啊，这就看到了厦门的天空，又清又亮。在车上，美琴老师向我介绍了担当者是怎么一回事，为什么会想到找我，如何如何。真诚、纯朴，是我对遇到的第一位担当者的第一印象，而之后遇到的每一位，无不如此。

晚上吃饭的时候，见到了之前与我联系的陈美玉老师。之后遇到了岳乃红老师、邱凤莲老师，好久没见过她们了，没想到在这里碰上了。岳老师刚讲完课，听得出来，她讲得特别用心，还在与工作人员探讨细节，我不由得想："过两天我怎么办，到底能跟老师们聊些什么？"还遇到了彭志辉老师、陈佳老师。彭老师早闻其名，我们应该见过的，只是没什么交流。陈老师告诉我，说她报名参加了半书房的消夏越读会。她可真爱学习。假期里，好多老师一直都奔走在各个研习营里，学无止境，令人感动。饭桌上，我们不知怎么就聊到了学校教学，好几位老师吐槽说孩子作业多，做到几点几点。美玉老师则提到，小朋友样样都明白，到了高年级，谁喜欢谁、谁跟谁竞争他们都知道，他们都是有故事的人，还有她的孩子每天回家都会模仿当天老师是怎么教育小朋友的，演给她看，惟妙惟肖。听她讲下去，好像在听一部儿童成长小说。

在回房间的路上，美琴老师问大家待会儿要不要看看海，走一走，散散心。大家都乐意，约定时间，到黄厝那里走走。

四

到了黄厝海滨。

天已经黑了，路上一闪而过著名的"一国两制，统一中国"标语，仍然清楚。

下了沙滩，已经看不大清海，但凉爽的海风、海风里波浪的气息，都扑面而来。站在海水里，一浪一浪打过来，满耳朵都是海浪的声音。想起黄品源的《海浪》，离开前还放了一遍。

我听见海浪的声音
站在城市的最中央

2000年的歌，在2018年的厦门海滨放出来，先把自己感动了。

不过，说起来，还是更喜欢黄仲昆的《无人的海边》："在无人的海边，寂静的沙滩延绵，海浪拍打着海面，仿佛重复着你的诺言。"

可惜，这么大晚上，也不是在无人的海边。海里着实有不少人，有一群年轻人，踏着海浪奔跑，冲锋陷阵，一跑老远，黑漆漆的夜，黑漆漆的海，黑漆漆的他们，黑漆漆的欢笑声，年轻真好。最远处，应是一对情侣，他们不停地试探着往深处走，抱来抱去做出各种危险的浪漫，邱老师和我都替他们俩担心——走得太深，突然来一个大浪怎么办？我目测他们离岸边的距离，他们越走越远，缠缠绵绵，那架势很像是苦命鸳鸯预备殉情。后来，他们回到了岸上，年轻真好。

再回到岸上，海风沁凉，我仿佛从忽而西东的迅捷里回过神，似乎终于确认，我已经是在厦门。一下子想到一个人——尊敬的明云兄长。如果我不跟他说一声来了厦门,如果他之后看朋友圈发现我来过,大概不怎么好,我的本意是不打扰他,但他一定会觉得我太薄情吧……想来想去,我给他发了条语音,告诉他我已经在厦门,问候他一声,不要在意,云云。

在离开黄厝之前,明云兄已经定下来第二天晚上聚一聚,喊上永通兄,具体地点再联系。怎么说都不行,就是第二天,只能如此。说到底,我这一条语音发出,不就是这样一个无法推却的结果?也罢,那就一起,"向经典致敬"。

五

从海滨回来,一时无话。10点多,有条新信息进来,是潘老师的:"据可靠情报,后天能在厦门见到冷老师。"

呀!呀!嘿嘿,此刻我已在厦门,这里是思明区,担当者安排的会场。我能说什么?只好从实招来:"潘老师,您的情报非常可靠。问候您,祝阖家安好,假期快乐!您来玩吗?请多批评!虽然我会紧张……"

"我一定争取去学习!期待聆听冷老师的课。厦门欢迎您!"

"欢迎就好,听课就不要了……"

"网络都直播呢,您什么时候回?我请您走厦门,吃小吃。"

(后来我才知道,潘老师游学厦门的课程做了十年不止,她对厦门有深入了解。)

很快,潘老师又说明天约上明云兄、永通兄一起。她越周到,我越尴尬而惭愧,就在这样的节奏里,潘老师知道了原来我已在厦门,并且由明云兄预定了聚会。那晚,我说的最后一句话是:

"潘老师,人间最美是真情,好人一生平安!祝福您!"

六

7月16日晚上,最后一条微信来自王珺老师,中教文化乐读微信公众号推送了那篇《成尚荣:陪孩子站立在课堂中央》,她把链接转来。

"来!来!来!来到小孩子的队伍里,变成一个小孩。你不能教导小孩,除非是变成了一个小孩。"陶先生的呼唤犹在耳边。三天之后,疫苗事件爆发,刷屏朋友圈。这年头,能刷屏的都不是痛,总会归于死一般的沉默。

七

17日早上,与明云兄长联系,告知潘老师之约。啊哈,大家都是好朋友!

吃过早饭,回到房间,把手机调好,看岳老师的直播,同时做文本解读设计。网络不佳,我做材料时老是无法登录,岳老师直播的画面也断断续续,她应该是在围绕整本书进行设计研习,领着老师们进行实作,可是画面一会儿定住,一会儿跳到时间轴后面,完全接不上逻辑。在纠结中,我看到了一个挺漂亮的模板,一瞬间,分享的主题从脑子里冒了出来。

一点儿没错,首先是看到了一个华丽而神秘的模板,然后才确定主题……感谢这个模板的作者,在万物互联的时代,人与人心手相牵。换句话说,在信息的森林里,我们都要擦亮眼睛,做最好的猎手。

我将事先准备的材料排好,在学员问卷结果分析的基础上,定下三大板块的内容:一是关于文本解读内涵的思考,二是文本解读的实践,三是文本解读专业能力的提升。这中间贯穿的是对《义务教育语文课程标准（2011年版）》的观照和学习。后来看，提"课标"是应该的，在文本的森林里、在教学的实践中，"课标"作为路标，即使再有不足之处，也还是有不少可以依托之处。虽然我更加支持老师们各自发挥自己的才华，但前提是扎根已深，底蕴已厚。浮皮潦草看技术，并非专业发展之上策。总之，要镇定，要有自己的判断与确认，不要跟风跑。现在口号、概念都很多，"整本书"更是铺天盖地，那又如何？随时问问自己在哪里，往哪里去，总是好的。"真正好的教学不能降低到技术层面，真正好的教学来自教师的自身认同与自我完整"（帕克·帕尔默语），理着理着，我想起叶圣陶先生的《语文教学二十韵》，便摘录一段加进来。

陶不求甚解，疏狂不可循。甚解岂难致？潜心会本文。
作者思有路，遵路识斯真。作者胸有境，入境始与亲。
一字未宜忽，语语悟其神，惟文通彼此，譬如梁与津。

思路有了，材料也差不多齐了，理顺了就好。

大概12点40分，美琴老师发来微信，喊我下楼。在餐厅前，大家在排队合影，于是合影。大家神采奕奕，热热闹闹。我一直在笑，对着镜头笑。终于好了，摄影师要求再留一段视频，大家同时讲四句话：

童年有光，阅读点亮；相信孩子，相信成长。

声音响亮，盖过了正午阳光。
拍完照，我闪到了一边。此时，人群里走出了一个人，我定睛一看，反应过来，是潘老师啊！

八

　　意外，又不意外；开心，还是开心。

　　潘老师早上就到了。一上午，她都在听岳老师的课。

　　我们上回见是在 2016 年，在商务印书馆，当时互相留了微信，仅此一面，此后联系也不多，但人与人就是这么奇妙，相互间始终也有些关注。今年初找新版《越读者》，发个朋友圈一问，随后她帮我找到了。与潘老师同来的，还有段艳霞主任，稍事寒暄后，她们一同离去。

九

　　下午，我坐到会场中，听彭志辉老师的课。

　　课开始前，老师们在热身，我坐在凳子上跟着伸胳膊拍巴掌，也很欢乐。想不出来，这群人上午刚学了四个小时，下午还这么兴致勃勃……

　　一会儿，彭老师来到会场上，开始讲她的研修故事。她女儿的那段经历，令我大受震动，此前我一点儿都不知道她曾经历过这样的生死抉择。生命来之不易，生命脆弱易折，有过这样深刻体验的老师，再面对孩子时，自然更有教育情怀。她有一句话，我记得特别清楚："你不需要很厉害，才能开始；但你需要开始，才会很厉害。"

十

　　17 日晚上，与明云兄、永通兄接上头。相识相交多年，还都是头一回见面。之前没发信息给永通兄，是因为看朋友圈，知道他不在厦门，真巧，确实，早一天迟一天都遇不到他，第二天上午他又要奔苏州去。同来的几位，明云兄一一介绍认识，他组织了很多读书会，有些读书会的领读人读的是《教书·读书》，这几位就有知道这书的，作者仿佛熟人，能见面，大家开心得很。

无意间，潘老师提到叶悬冰老师。这名字砰一下，好像是砸过来的，太不可思议了。这是很熟悉的名字。我想确认一下，问她刚才说的是谁。"悬冰啊，我们是多年的好朋友，我就到她爸爸那里看茶、做茶。"是吗？我好惊讶，又好感动。人与人之间的联结往往就是这么出乎意料，却又有如注定，已经很多年没听到这个名字了，此生最早几篇教研文章都是经叶老师编发在报纸上的，报纸是《小学教学改革与实验》。早几年，这个报纸停刊改版了，之后和叶老师也就没有联系，此时却从潘老师口中听到……我拜托潘老师一定要代我向叶老师问好，她说这次来不及，下次来，就去拜访叶老师。

世界仍是如此荒谬，我们唯一能做的，就是给这种荒谬加上一种格调。

十一

18日上午，只做了一件事情：排列组合PPT。

顺利完成。

"在文本的森林里"，以前一天设想的思路推进，说认识，给思路，放案例，荐书单，中间结合对"课标"里有关目标、内容与教学建议的重温和讨论。另一块个人叙事，则以"这些年，我们一起走过的路"为题。

所谓"我们"，实际上是说"我"与"我自己"。在书写过程中，我引用了诗人陆忆敏那首《教孩子们伟大的诗》，里面正有两句：

我和我心中的我

近年来常常相互微笑

这是我极其喜欢的一首诗，那两句，更是惊为神作，常常记起。我的意思也就在这里了。一个人要站成一支队伍，我和我心中的我，当然是"我们"了。

——临别前，美玉老师说读到这首诗的时候，她特别感动，真的是这样的。

这首诗的主题下面，具体讲的其实很普通，都是平常事体，无非就是"教孩子们喜爱精辟的物语""我有过一种经验"，如此而已。我会谈到阅读推广，谈到阅读，谈到一些给我启蒙的好书，如果时间还够，会再谈这些年遇到的有趣的人、做的一些事。但我估计来不及了。最后，就是祝福，只有祝福。

中午，美琴老师拿来四本《教书·读书》，赠给岳老师她们，请我签个名。我想不出对四位老师说什么，她们都是我敬佩的人——好吧，就写了"读书便佳"，这是董桥先生的书名，我盗过来一用。"读书便佳"，因为如此，来到这里，遇见各位。

十二

下午2点半开始。提前15分钟，老师们热身。我1点40分就下来了，直接退房。下来之前，换上了担当者的T恤，这是必需的。

到楼下时，担当者行动的伙伴们在开会，我给管理设备的老师U盘，拷贝好课件，演示，一切正常。接着就在外面跟美琴老师聊关于教师读书会的组织。陆陆续续地，老师们进了会场，估计都没有休息，却看不出他们有任何的疲惫。2点15分，轮值小组带领大家做正反口令游戏，大家欢欢喜喜做到2点半。美玉老师上去招呼大家坐下，开始主持。她回应了我的疑惑，原来我们同在福州陈峥老师组织的"疯读群"里,她通过这个群加了我的微信。很显然,她是有眼光的,不是说看到了我,而是说待在这个自行发光的"疯读群"里。虽然最近这个群已经分流并沉默了,但此前同读诺德曼的经历,还是相当可怕又可爱。

我上去。我开讲。我讲完。

十三

我觉得自己讲得最好的一段是开头,向所有担当者致以个人的敬意。我说,这些人,这个班,包括主办方跑来跑去的这些年轻人,跟我曾经见到过的,都很不一样。后来想起来,这大概就是在几次交流时,两位美美的老师(美琴老师、美玉老师)都提到的"家国情怀"。说实话,这个词语有点儿大,词语一大,基本上就有点儿飘。但你会觉得在这里,这个词语还蛮稳的。这其实不是靠理性的分析,感觉对,那就对了。在讲座中,我看到老师们的眼睛,就像夜空中最亮的星。这话也有点儿大,但是给他们,值得。

我觉得引用得最好的一段是结尾,这是神来之笔,充满启示。此前我一点儿也没有想到会引用这句话。可是,那天就引用了这句话。PPT收尾时,已经引用了《五灯会元》中的一句话,它很贴题,却怎么都觉得少了点儿力量。想来想去,都想不好如何给这群充满期待也充满热血的种子教师以最好的寄语与鼓励。我现在想不起来是从哪里看到的,好像是微博,又好像是某个APP,它一下子跳出来,就是它了!

那美好的仗我已经打过了,当跑的路我已经跑尽了,所信的道我已经守住了。

——《圣经·提摩太后书》

在奔机场的路上，美琴老师告诉我，她从朋友圈里看到，有位远在江西的老师看直播，看到这里，读到这句话，好激动好激动。我很感恩，希望诸位勇往直前，"不负担当不负爱"——这是担当者T恤上的标语。

十四

时间太快了。时间去哪儿了？去PPT那儿了。它们闪过去，时间就没有了。

来不及与老师们讲述生命中遇见的那一个个大写的人，就来到了时间的尾巴上。

出了会场，李校长，还有几位男老师走过来，继续和我探讨关于阅读时间的安排。我说确实，现在最宝贵的是时间，所以一定要随着实践、随着问题去读，让书找你，不要无休无止地找书，时间太宝贵了。

马上就要走了，来不及多说了，多么希望能够再留一晚，因为真正的交流往往是在交流发生以后，会场上的180分钟，最好是一个引子，可以提供很多线索，给出很多情境，激发很多疑问，然后，接着聊。只是这一切，只能留待也许会有也许再也没有的下一次。

再见。再见。

十五

在车上，与美琴、美玉两位老师慢慢道别。两位老师太周到了，谦和细谨，妥妥帖帖。临走时，她们有一筐桃子，说是别人带给她们的，要分一些给我……过了几天，美琴老师转了担当者行动微信公众号的文章，配了一段话，提到对我的第一印象，读了以后，我很有印象。

这次也是第一次见到冷玉斌老师，第一印象是谦卑低调，还有一些害羞。

阿弥陀佛，这后一句，真是对我极高的褒奖。面对如此荒谬的世界，能够有那么一点点害羞，大概是我能为之加上的最好的格调。

谢谢美琴老师！谢谢美玉老师！谢谢担当者的小伙伴们！谢谢营里的各位老师！你们的厚道、开朗、纯粹、热忱，我怎样也不会忘记。

十六

飞机晚点。落地时已经 11 点了。

16 日上午出发，18 日夜里抵达，一往一来，结结实实，就跑了趟厦门。

第二辑

专业之味

身为教师，我们的任务绝不只是着眼于未来，更多的恐怕还是要着眼于学生和我们的当下。

过一种幸福完整的阅读生活

前些时，翻阅一本叫作《通胀螺旋：中国货币经济全面崩溃的十年 1939—1949》的书，是经济学者张嘉璈先生对 20 世纪国民政府垮台前币制改革的反思。最后几页，有一段话很是引人思考，意思说，观照中国近期的经验，现代经济生活的复杂性不是任何一个人，尤其是专注于许多其他责任的政治领袖，能够把握的，允许一个人绝对和任意地控制，就是在制造灾难。

一读到这里，我就想，课堂上不也是如此？教育教学始终是复杂的，当教室里只有教师是唯一的主导时，那情况肯定也不妙。作为经济学门外汉，我从一本经济史著作中得到这样的启发，实在愉快，不仅在于阅读的内容，更有打破了界限的阅读带给我的辽阔与瞻望。果然，书非"跨界"不能读也。

跨界阅读，在我看来，指向的就是阅读最本真的意义：跨越边界，理解世界；理解世界，万物互联——世界从来不是一个角落，也不只有一个角度，跨界阅读，正是过一种幸福完整的阅读生活。

那么，对教师而言，什么样的阅读可称为跨界阅读呢？

跨专业阅读

教师职称，有专门的说法，叫作"专业技术职务"。以我为例，专业就是"小学语文教学"。若以此界定阅读，所谓专业阅读，就是阅读与小学语文教学相关的书籍与文章。跨专业阅读，正是跳出这样的专业思路，不以此局限阅读的眼光。记得有一次观摩全国性的小学语文教师素养大赛，其中有问答环节，那些问题往往不与教学直接相关，而是一些通识性知识，如天文、历史、地理……有时候，很多方面素养都很优秀的老师，也会在这类题目前摔跤。比如有一题，是关于南美洲与北美洲的分界，四个选项里有霍尔木兹海峡、苏伊士运河等，正确答案应该是巴拿马运河。很可惜，那位老师没能选对。就比赛来讲，这失掉的一分也许并不重要，但场下的我还是赞成这样的设计，这是一个好的导向，提醒所有的老师——参赛选手，或者场下观众——在学科专业之外更有广阔的知识海洋。

教师从事自己的专业教学，应时刻不忘从专业角度再往上多看一点儿，多读一些。想起前一阵子天文学家公布拍摄到的黑洞照片，我想，不管哪个学科的老师，点开图片或是文章看一看，对图片中的黑洞凝视几眼，都是好的。至少在那一刻，内心为黑洞所吸引，感慨世界真奇妙，猜想宇宙万物不可测，这就是一种跨专业的阅读了。

跨领域阅读

作为教师，我们深耕教育领域，那是否意味着只能在此之中观望？非也。

我们可以从教育领域延伸到其他领域，或回过头来审视教育，或将不同的领域联系起来。举个例子，向来认同一句话：教育有问题，但往往不是教育自身的问题。由此，我有时会觉得，另外一句话可能不太对，即近来常有人指出的"中国教育最大的问题是教师不读书"。教师不读书不行，这是个突出问题，但它是否构成"中国教育最大的问题"？假设现在全部教师都是读书人，爱读书，读好书，会不会迅速扭转我们当下的教育生态？从社会学的角度观察，未必如此。

就我的观察，对当下教育的思考，在很多情况下要换一种思维方式。这当中最便捷的就是借助跨领域阅读，不仅是教育学，还可以是政治学，是社会学，乃至人类学、生物学。这样一来，教师思想的路径、思考的深度、得到的思维的乐趣，都将不一样。说到底，这也会促进教师的专业成长。

跨身份阅读

生活中，每个人都不止一种身份，教师也是如此。我是老师，同时我也是家长，我还是本地文学沙龙的业余创作者，等等。那么，我们的阅读就不能局限于某一种身份，每一种身份都可以通向一种有意义的阅读。

有了家长的身份后，我喜欢读家庭教育方面的书，不得不说，很多家教书同样会促进教师教育生活质量的提升。这两年，我还读了不少与医学有关的书，有一些直接就是医生写的，像《打开一颗心：一位心外科医生手术台前的生死故事》。我不是医生，更没有行医，但这样一种身份跨越之下的阅读，会给我更多对生命的理解和接纳。在某种意义上，医生比教师更直接地面对活生生的人，书中一个个活生生的案例，反过来刺激了我对教育本质的思考、对儿童生命的守护。

再说一个跨身份的，我是老师，要做一个好老师，就得懂孩子。跟孩子们站在一起，自然就会关注孩子的阅读。以一个陪伴着的"大孩子"的身份，跟孩子们一起阅读童书，是发现孩子，也是发现自己。所以，就跨身份阅读而言，我有一大感受，那就是对个人标签的超越，首先，不轻易给自己贴上标签；其次，不轻易被身份标签约束。

跨媒介阅读

这一点，更多的是指跨越纸书。虽然很多人对电子阅读略有微词,但在我看来,聂震宁先生"忙时读屏,闲时读书"一言值得借鉴。电子阅读绝非洪水猛兽,要义在于如何来运用,如何来实现。

如今出门,我总是随身带着Kindle,里面的电子书伴我行程,阅读始终在路上。自从有了微信公众号,每天读一读公众号推文,这也是跨媒介阅读。视野再开阔一些,生活就是阅读,读天读地读山读水读你读他,读有字书读无字书……这些,都是跨媒介阅读吧?

跨专业、跨领域、跨身份、跨媒介,这是我对跨界阅读的粗浅理解,肯定不止这四个"跨"。总而言之,跨出去的是什么?是界限。跨进去的,可能是之前没有打开过,但却很美好的一个世界。

说到这里,我想起了一个人——亚马逊总裁杰夫·贝佐斯。作为商业巨头,他名闻世界;鲜为人知的是,他还是一位跨界阅读达人,这一点影响了他一生的事业。除了亚马逊,贝佐斯还创办了一家太空探索公司,叫作"蓝色起源",这与他少年时期的阅读紧密相关。他在高中时参加美国国家航空航天局的征文比赛,得了奖,被邀请到航天中心参观。他非常高兴,非常激动,当时在接受采访时,记者问他未来的梦想,他说是在太空中建立太空饭店主题乐园以及太空轨道游艇。五十年过去了,他仍然在为这句话而努力。这些年,从事商业的贝佐斯一直坚持跨界阅读,如《长日留痕》《人月神话》《黑天鹅:如何应对不可预知的未来》……这些书都通向他最初的梦想。因此,有人说,正是读书跨界,胃口不受限制,使得贝佐斯一路有了一些很不一样的成长,没有把自己框定在某一个方面,而是在自己的兴趣中,既能够有梦想的开掘,又能够有自我的坚持。阅读和梦想就这样完美地结合在一起。

或许从杰夫·贝佐斯身上,能更深一点儿地看到跨界阅读到底具有怎样的意义,那就是——

跨界阅读,不止专业的连接与跨越,它本质上来说,更是对未知的追求、对人生的热爱，是对我们所不知道的那一面不懈地追求，对我们仅有的这一生，我们愿意抓住每一分每一秒去爱它，去好好地活。

阅读，有各种存在的理由，有各种可能的意义，跨界阅读也许是最幸福、作用也最大的。退一步说，任何阅读，都不是朝着某一个作用出发的，或者说所有的作用都蕴藏在阅读之中，是额外的奖赏。那为什么说跨界阅读是最幸福、作用也最大的？"Read the Word，Read the World"，当我们跨出了自我设定的阅读界限时，一扇新的门，可能是学问的门，可能是人际的门，也有可能是人生的门、生活的门，就会经我们自己的手轻轻地打开，慢慢地敞开来，我们就会向一个完整的、更好的自己出发，阅读与生活、与梦想就会更加靠近，最终会结合在一起。如果在阅读生活中，只限于专业、限于身份、限于自己所从事的工作，即使能够踏足一片小小的天地，也必定会失去更辽阔、更美好的世界，对吧？

只是，细细推究起来，现实生活中，确实有这样那样的原因，影响教师的跨界阅读。第一，分工、分科的影响。教了小学语文，教了小学数学，对别的领域与专业，就没兴趣了。第二，时间与精力的问题。日常工作辛苦，本专业的阅读与学习已经花了很多时间，没有时间与精力进一步跨界了。第三，效率主义。总以为读书要有个现成的用处，没有用就不想读。然而，倘若总以有没有用来衡量读书，那天下就无书可读，没有哪本书会把现成的作用摆在那里。第四，胃口被败坏了。这一点，甚至不止于跨界阅读，还关乎整体的阅读。换句话说，教师不是不跨界阅读，而是根本就不（爱）阅读。这个原因是多方面的，至少有一点，一直以来，很多教师就跟他所教的学生一样，阅读的胃口被败坏了，在最该读书的时候，却把大量珍贵的时间花在那些僵死知识的识记上，也没有人走出来告诉他们，这个世界上有一件很美好的事情叫读书。

就我而言，已经有一阵子，努力做一名跨界阅读者，主动阅读，指向理解，达到一种如鲁迅先生所说"嗜好的读书"。不敢说完全做到了，至少心向往之。常有老师问我："那你是怎么跨界的呢？"我想来想去，真是卑之无甚高论，无非是好奇心、问题意识、实践需要。学者朱正琳说"读书是私事"，到底怎么读，怎么跨界读，各人情况不同，读法不能照搬。只有在自己想读书、主动读的基础上，试着去浅尝、去吞食、去咀嚼消化，那么读史也好，读诗也好，读哲学也好，读数学也好，读科学也好，自然会随着各人的好奇心，随着兴趣、随着问题、随着实践、随着生活，出现更多等待跨越的全新界面。

出版人郝明义曾提出"阅读的七道阶梯"，我以为是对跨界阅读的层次的极好描述，这七道阶梯指向了由浅入深的阅读进阶，分别是——

你关心、思考的，是如何让自己更美好

你开始关心、思考如何让自己与所爱的人，共同更美好

你开始学习欣赏一切抽象的美好

你开始学习欣赏社会制度之美好

你开始学习欣赏与自己相异之行为的美好

你开始学习体会多元知识激荡之美好

你学习体会宇宙的智慧之美

仔细读这七句话，我不由得感叹，阅读源于生活，而跨界阅读会让生活更有内涵。话说回来，"阶梯"一词，也给了我启发，那就是在"跨界"之前，要有个脚踏实地的积累过程，到了一定程度，再有一些合适的时机，作为读者的我们就会与"跨越"不期而遇。这就需

要我们不间断地阅读，并且能够由博而约，既有阅读面的辐射，也有实践点的专注——立德树人，教书育人，教师总归是事上磨炼，在教育生涯里见得真章。

无论如何，"除了爱情，没有任何事情像阅读这样让我们觉得，迟来的开始也可以如此美好；即使爱情，也没法像阅读这样让我们觉得，越界之举可以如此新奇"（郝明义语）。

——跨界阅读的美妙就在这里，今天的教师，生活在书籍的丛林里，不能居于丰饶却饥饿至死，必须跃出莽林，像高明的猎人一样，专注、勇敢、不拘泥。是啊，阅读也是一种狩猎，当更多的猎物被捕获时，随之而来的，正是属于你的幸福完整的阅读生活。

苏霍姆林斯基《给教师的建议》阅读记

这些年，关于苏联教育家苏霍姆林斯基，听得最多的就是那一句"我无限相信书籍的教育力量"，好像这么一位大教育家只是个目下数不胜数喊着口号的"阅读推广人"，说着与阅读、与书籍有关的大而无当的话语。何至于此，何至于此？剥开我的阅读经历与教学实践，总深切地感受到，苏霍姆林斯基对我的影响很大，涉及的方面也多，绝不仅在"阅读"这一块。虽然没有把他的全集通读一遍，但我仍打心眼里觉得，那一册墨绿封面的《给教师的建议》，内里的观念与实践，于我而言，就是十分难忘的教育小百科。

说来有些脸红，最初读苏霍姆林斯基，颇有几分"救场"的味道。那还是工作之初，初登讲台的我缺乏实践经验，之前在学校里学的那些教育教学理论，也派不上用场，语文教学、班级管理都有问题，也动一些心机，用一些办法，拆东墙补西墙，总归就是不行。一句话，倒不是"不想"做好，但就是"不能"做好。这是为什么？除了请教同事，万般无奈的我就到学校图书室，看看有没有现成的材料能学能用。就在那时候，我遇到了两本书，一本是此前常说的于永正老师的《教海漫记》，另一本就是苏霍姆林斯基的《给教师的建议》。当时一看到，心里就想，这会儿不正需要很多很多的建议吗？作者会建议什么？于是借走。这就是与苏霍姆林斯基的初遇，我临时抱佛脚，没想到，一抱就抱到这么一位大教育家。

待到打开书本，豁然惊喜，目录下面的条目，简直就是为我而设的："第一次学习新教材""怎样检查练习本""谈谈对'后进生'

的工作""教给学生观察""怎样培养记忆力""给刚参加学校工作的教师的几点建议"……事隔多年，现在回想，想不起那时是否"如饥似渴"，但至少很快就依葫芦画瓢，照着其中不少建议展开工作。比如，把学生带到户外，带进田野里；比如，按他指点的方法检查作业。说实话，直到现在，检查作业这件事还是很多老师的痛苦所在，而作业本身也常常引发学校与家庭的讨论——就在这几天，又有将作业全部留给家长改的老师在网上火了，可老师也是没办法。苏霍姆林斯基知己般写道：

只要把那一叠一叠的待批改的练习本看上一眼，没有一个教师不为之寒心的。这倒不单是因为要付出好多个小时的劳动，而令人烦恼的是这种劳动是那么单调乏味，没有创造性。

一点儿没错！每天早上到校，一抬眼，别的没有，就是两三摞作业本。有时候，埋头于作业本的时间要比别的，如备课、和同事讨论、教研等时间都要长，而一日一月改过去，对学生似乎也没什么触动与促进，错的还是错，某些偷偷少做的，还得天天早上催。苏霍姆林斯基提出了什么建议呢？从大的方面，他指出作业低效的根本原因，在于"言语素养"的缺乏（就这一点，至今仍感其深刻），在于能力与知识之间关系的失调。他指出，作业最重要的意义是把学生"从书本和思考引导到活动，再由活动引导到思维和词"。现在来看这句话，其实这是苏霍姆林斯基的课程观，"作业"属于课程的一部分，指向的是评价，仍然是教学的一部分，而不是一种纯粹的体力劳动。这一点非常具有前瞻性，更重要的是，抓住了关键。那会儿当然还不能全部读懂，学得更多的是他直截了当的几点小建议：一是当堂强化训练；二是作业的准备；三是巧妙解放自己的时间；最后一条，苏霍姆林斯基的原话是这样的："经验证明，最合理的一种方法是定期抽查：教师每隔一段时间收几个学生的练习本进行检查。只有测验作业才需要全部检查。"

如此一来，检查作业的时间大大缩短，能有更多时间放在活生生的学生身上，而不是将时间都埋头于作业里。我真的太需要这个经验了。在规划到位的前提下，此后我的作业批改经历也证明了这个经验确实是可取的。说到这里，我真诚地建议，如果老师们现在对作业有同样的困扰，那就把苏霍姆林斯基有关练习批改的建议——另有一则建议叫作"怎样使检查家庭课业成为学生有效的脑力劳动"——好好读一读，悟一悟，学一学。

作业尚属其一，苏霍姆林斯基那里有很多类似教学策略与教学窍门的东西，往往拿来即可用，用则见效。"小百科"之喻，正有此意。苏霍姆林斯基的很多建议打通学科，是对基础能力的培养，观察的方法、知识的扩充、学习时间的分配、书写教育，都切实可行，行之有效；他提出的"思维课"，课型新颖，内容丰富，设计别有趣味，到今天仍然具有前瞻性。苏霍姆林斯基讲到一招，他称之为"最重要词汇表"，我学后使用了多年，这类似一份特殊的"基本读写能力教学大纲"：在每个学习日开始的时候，在黑板上写下当天要学的三个词，比如"草原""温度""沙沙响"，"孩子们一进教室，就立即把这些词抄到词汇本里，这种词汇本他们要连续地记录三年"。毫无疑问，这样一种持续性输入，对阅读量与词汇量积累不够的学生而言，是多么必要并且有效。虽说以后也慢慢知道，关于儿童的语言学习，老师们常提的"好词好句"这一说法值得商榷，但是，花一点儿时间，用水磨工夫渐渐占有大量语言材料，终究是好事一件。这个方法我从他那里学来，用了很多年，每接一个新班，或两年或三年，即以此策略让学生进行词语与句子的积累，我把这叫作"攒余粮"，余粮多了，做出的饭菜就会更加丰富，更加可口，不是吗？过了很久，再读这一节，我发现方法背后，是苏霍姆林斯基对教学、对儿童学习的深刻认

知。这一节叫作"把基础知识保持在学生的记忆里",在讲自己的做法之前,他是这么说的:

小学教师们!你们最重要的任务,就是构筑一个牢固的知识的地基。……譬如你正准备教一年级。那就请你看看四年级的教学大纲——首先看语文和数学教学大纲,也要看看五年级的数学教学大纲。请你看看阅读课本里有关历史、自然、地理的教材,再看看四年级的这些学科的教学大纲。请你把这些东西放在一起比较一下。……

这已经超越了教学论的范畴,带出了一名教育工作者的天职——他该如何为一个孩子的一生发展着眼。前阵子读到贾志敏老师的教育口述史《积攒生命的光》,贾老师的题记是:"教学生一年,要想到他五年;教他五年,要想到他终身。"真正的教育家,内心都是相通的,根子就在于那一份忠于教育、热爱学生的心——这一点,是需要为人师者以一生来领悟的。

说到这里,仿佛《给教师的建议》只是教学小百科,给我的教学以启发和帮助。这样说也没错,我病急乱投医,想不到一找就找到一位名医,关键是,这位名医不只医病,还医愚,他给我的岂止是教学,是技术?《给教师的建议》至今通读不下十遍,要我说,它是儿童学习小百科、教学方法小百科、学生研究小百科、阅读课程小百科、新手教师小百科、教师成长小百科、学校管理小百科、教学质量提升小百科……可以毫不犹豫地说,即便历时已久,当下有关教育教学、教师专业发展、学校管理等主流观点或说法,也都能从苏霍姆林斯基的著作中找到影子。记得新世纪前后,不少人提倡写教学反思,以此促进教师专业发展,而我是在很久以后,重读《给教师的建议》时发现,原来苏霍姆林斯基已经反反复复谈了教师如何写"教育日记"。在书中,他多次强调"研究儿童",他认为,真正的教育是围绕儿童的身心发展进行的,必须学会观察儿童、研究儿童。听上去朴朴素素的话语,却包含着领先我们多年的教育观念。苏霍姆林斯基谈的这些话题,确实历久弥新,甚至总要等到个人有所实践、有所经历后,才赫然发现,原来他都讲过,而且讲得很好,照着做就行。在某种意义上,《给教师的建议》完全能作为教师案头的必备工具书,随时取阅,随时学习,只是也得承认,苏霍姆林斯基所提到的不少方面,直到今天在我们的教育生态里,都未能全部实现。

除了当初为解决问题而读《给教师的建议》,我至少还有三回专注阅读这本书。一回是2004年,我加入兴化市青年教师读书班,这是必读书,需要做摘录、写札记、做案例。当时就想,书中这些篇章也能看作苏霍姆林斯基的"教学随笔",问题来自实践,回答通往实践,每一篇都用朴实的语言讲述着教育的真理和大义。跟着他学到的,不只是教育内容,在教育写作方面也收获颇多。这算是阅读苏霍姆林斯基的额外奖赏吧。一回是2012年年底,要做校本阅读课程设计,就把苏霍姆林斯基关于阅读的各种提法做了梳理。他"无限相信书籍的教育力量",这种相信不是无源之水,而是建立在他对阅读的正确认知和坚实操作基础之上的。给儿童阅读的时间,以阅读导向思维,认为阅览室的另一个名字叫作"思考之室",等等,这些才是语文教师要把握的根本内容,而不是只记住他的几句口号。最近一回是2016年,这一回是围绕"儿童研究"而读的,因为申报了一个与此课题相关的项目,就找来这方面的文献资料,《给教师的建议》也在里面。阅读时,主要是对书中与"儿童研究"有关的条目与内容做了摘录和整合,更感觉苏霍姆林斯基之伟大。"请你任何时候都不要忘记:你面对的是儿童的极易受到伤害的、极其脆弱的心灵,学校里的学习不是毫无热情地把知识从一个头脑里装进另一个头脑里,而是师生之间每时每刻都在进行的心灵的接触。"这样斩钉截铁不容置疑的话语,是因爱而生的,所以又充满了爱。这大概只有在教育这样一个心灵与身体共生、智慧与健康并存、目标明确却又满载不确定性的人类大事件里才会发生吧？然而，不得不说，如今真正能做到这一点的老师不见得很多。有很多可爱的儿童，由于种种原因为校所伤，为师所误，令人感叹而愤慨——苏霍姆林斯基给教师的建议，你们忘了吗？

苏霍姆林斯基1970年病逝，若非英年早逝，自然能取得更大成就，以他一生的追求，想来即使垂垂老矣，仍然会为儿童的幸福瞻望而且奋斗。我永远不会忘记他那篇《我的简单经历、在职进修和我们办学的一些成绩》，劈头一句就是"学校工作，教育儿童成了我的天职。……我已经有了坚定的信念：学校工作是最有意义，最令人向往的工作"。在一个喜欢以"小"命名的世纪，这句话里深藏喷薄、沉静又明亮的教育之爱，有着令人悚然心惊的感召力，每一个教育工作者都要确认，"学校工作，教育儿童"正是"我"的天职。为什么？我愿意用苏霍姆林斯基的另一句话来回答，它也恰好是《我的简单经历、在职进修和我们办学的一些成绩》这一篇的结尾。

对于我们这些人民教师来说，共产主义建设并不是一个抽象的概念，而是我们在培育、教养和把他们领进生活的活生生的人。

观念之旅里的十个人与多部书

刘瑜有本书——《观念的水位》，她在自序里这样写道：

所谓启蒙与其说是教育，不如说是对被蒙蔽理性的擦拭。将过于霸道的声音拧小，将被屏蔽的声音放大，将司空见惯的思维方式打上一个问号，将盒子里的光释放。

回顾个人迄今为止的教育阅读经历，觉得正符合她这句话，至今所获得的有关教育的启蒙，就是"对被蒙蔽理性的擦拭"，"将盒子里的光释放"。这段经历本身，也恰恰就是观念的旅行，在旅行之中，结识不同的作者，因为他们获得观念的更迭与水位的提升。因此，在这里，我想从观念出发，谈论因阅读而起的教育观念之旅，重点谈论这趟旅程中真实影响我的十个人与他们的有关著作——如果将每位作者看作一本厚重的书，那也正好是十部书。

首先讲到的是于永正老师。于老师的《教海漫记》，我一直称之为"扶我上战马的书"，站在现在这个点回看，《教海漫记》对我的影响，还没有到达观念的层面，更多的是在那个沮丧的开端，给了我一个意外的实践助力。《教海漫记》初版的封面上有几行小字：

人生的积淀　智慧的结晶

它将——

助您成为名师

教您辅导孩子

领您走上讲台

  一个"助"、一个"教"、一个"领"——至今除了"名师"存疑——这三个字对我来说，终归是做到了。我 1998 年参加工作，那时候不会上课，怎么读一篇课文，怎么带孩子学习语文，怎样在课堂上提问、与孩子们展开对话……这些在今天看来不过是常识的事情，足够把我难倒。面对枯燥、单调的工作，我浑浑噩噩，充满了挫败感。2000 年年初，有同事到徐州参加活动，买了《教海漫记》搁在学校图书室里，我无意中看到，借回去阅读，自翻开就没舍得放下，不眠不休，一夜工夫一口气读完。对实践经验极为缺乏的我来说，这本基于实践的教育教学随笔集简直是场及时雨，它没有口号，却比口号有力；没有高论，远比高论精彩。于老师淡定从容，以一个过来人的智慧，将他在教育教学方面的认识与经验包容在一个个故事中娓娓道来，如潺潺清流滋润了我干涸的心。"露一手""教学——一门遗憾的艺术""是老师配合学生，不是学生配合老师""熏锅屋""谁也说不准哪块云彩会下雨"……于老师话语亲切，通俗透亮，幽默可人，怎么读也不觉得累。回过头去想，发现其中包含了太多语文教育的规律。接下来，我又钻研《燕子》《静夜思》等精品课的教学实录，反复读，照着做，揣摩他的思路、他的智慧、他的妙趣。读了这些篇章后，我仿佛发现了教学实践中的光亮，向着它一招一式学，一字一句练。在《教海漫记》中，我第一次看见了真正的课堂，也朝着真正的课堂进发了。

  对《教海漫记》，我始终是感谢的，2007 年初冬，我终于有机会将这样的感谢亲口说与于老师。那天，于老师来到兴化，顺便到安丰小学走了走，我是多么高兴，早早等着他……在教工之家休息时，我捧上后出的又大又厚的增订版《教海漫记》，请于老师签名。没想到，于老师给了我大大的惊喜，他接过书去，沉吟片刻，写下潇洒一列：

读无字之书，行无言之教。

这意味深长的话语，我至今记在心头。匆匆那年，已是十多载光阴。于老师2017年年末已然仙游，好在还有《教海漫记》，还有后来的"于永正教育文集"，足够后辈长久阅读与领悟。

接着说的是约翰·洛克。前年《中国教育报》约稿，让我选择一位教育家与其教育经典来谈自己所受的影响，我选择的就是洛克与他的《教育漫话》。我的文章题目是《和洛克一起漫步教育》。推敲起来，在理论层面，洛克确实给了我观念上的推动。《教育漫话》对我最初的震动不在全书读后，仅仅书中致爱德华·克拉克信中的一句话，就让那时为师不久的我深感骇然。十多年过去了，时至今日，我还牢牢记得这句话。当时，我读的还是教育科学出版社的版本，傅任敢先生翻译的，这封信被收为前言，傅先生的译文是这样的："因为教育上的错误比别的错误更不可轻犯。教育上的错误正和配错了药一样，第一次弄错了决不能借第二次第三次去补救，它们的影响是终身刷洗不掉的。"

如今我手头的是人民教育出版社杨汉麟先生的译本，这封信被作为附录收在书中。杨先生的译文是这样的："因为教育上的错误较之别的错误更不可赦免。教育上的错误正与配错了药一样，开始搞错了，决不能借助第二次或第三次去弥补，它们将携带根深蒂固的污点，通过人生的各个道口及车站。"

总之，不可轻犯，犯了，则不可赦免，就是这样。

当时，对这句话之所以有触目惊心之感，实在是因为感觉初为人师，很多方面没什么经验，就是班级管理也做得吃力，不犯错怕是不可能，那么这一犯错，不就是天大罪过？这句话固然有修辞之寓，但到底还是这个理——教育之误，影响大矣。默念此句良久，想到未来与孩子们一天一天的教与学，更加惶恐与不安。虽然这之后还是一天一天教书，要说错，不敢说一个没犯，但至少眼里、手里常常有这句话。在从事教育的初始阶段，洛克这声当头棒喝，是难得的指路明灯。

关于这句话，后来还有故事。2006年左右，某刊物举行一个关于"错误"的教育随笔征文活动，我从教学日记里索得一则，是在课堂上对学生批评不当，在征文写作中，洛克这句话自然是信手拈来，在文章结尾处就用上了："教育上的错误比别的错误更不可轻犯……"

隔了一阵，收到样刊，这篇小小的随笔登出来了。拿着杂志我就想，肯定不是文章写得怎么样，而是洛克这句话实在有力量。的确如此，一直到现在，但凡说到教育或教学中的"错误"，我总会下意识地想到洛克，想到他毫无转圜余地的断语。反过来想，错误的不可洗刷，也是洛克对教育力量的坚信，如果教育者能够做适宜的教育，那么，儿童未来携带着"通过人生的各个道口及车站"的，会是什么呢？

之后，还陆续读到洛克的《人类理解论》《理解能力指导散论》，更接触到他的一些政论文章。今天，在我心目中，洛克是政治家与思想家，教育家的位置反而靠后，但无论如何，《教育漫话》带给我的对自身教育行为的警惕，也已经"是终身刷洗不掉的"。

于永正老师的著作给了我课堂策略与技术的指引，但是，教育绝非技术，就像人们所说的，它也是艺术。那么，如何接近教育的艺术？这是个问题。幸运的是，不久以后，我得到了三本书，这三本书正好出自同一学者之手，就是施良方先生，这三本书是他的理论"三部曲"：《学习论》《教学理论：课堂教学的原理、策略与研究》《课程理论：课程的基础、原理与问题》。这三本书给我打开了三重门，让我意识到教育的艺术绝非空洞的技术主义，一定得有理论的滋养，教育艺术的源头之水是教育理论。可以有直觉，可以有顿悟，但你的理论素养决定了直觉是否只是错觉，顿悟是否仅为读误。

施先生平生最认同斯滕格尔"教学即研究"的观点，这三本书我研读完毕，对教育教学真有了一些认识。比如课程，当前，教师每天都将课程改革挂在嘴上，但他们对课程的本质到底有多少理解，对课程改革的理念又有多少把握？记得我曾在某网站上与一个人争论，他很不屑地说课程不就是跑道，跑错了再重跑就是。就这么简单吗？能这么简单吗？你重跑没错，可前面那批跟你跑错了的学生呢？林砺儒先生1930年就说过："须知我们所教者是具有人格尊严儿童，是国家的未成年的公民。人格不能随便拿来当作试验品。"

还有教学理论，我们挂在嘴边的诸多策略，如果从教学理论的角度考量一番，又有多少是以讹传讹，误人子弟？《教学理论：课堂教学的原理、策略与研究》给了我很多教学技术以外的启发，让我渐渐对所谓教学技术起了怀疑之心。如今这三本书中某些理念已显陈旧，但就教研而言，会给我们打下一个不错的专业基础，仍是教师走上专业发展无法绕过的读物。

这三本书的阅读，还使我养成了日后专业阅读的一个习惯，就是由人及书，抓住一个人，深入去读他的书，理解他，让他的思想真正滋养你、改变你、造就你。这三本书都是施良方教授的作品，读书之前我对他一无所知，读完之后我成了他的忠实拥趸。施先生实在是一位值得敬重的教育学人，我总是想，如果他没那么早离开，日后进行的课程改革是不是会有些不同？此外，由这三本理论书，我想多说一句，那就是纯讲技术的书少读，或者读时更关注其背后的精神。任何一节好课，都取决于彼时现场，只看招式不见精神，势必吃力不讨好。坊间更有很多讲班级管理的书，根本缺少对学生的尊重与民主精神，里面更多的是狡智与手腕，实不可取。说到底，教育教学不完全是件技术活，正如帕克·帕尔默在《教学勇气：漫步教师心灵》里所说:"真正好的教学不能降低到技术层面,真正好的教学来自教师的自身认同与自我完整。"

往下数的话,就是内尔·诺丁斯了。内尔·诺丁斯,是美国斯坦福大学教育学荣誉退休教授,美国国家教育学会前主席、美国教育哲学协会和约翰·杜威研究协会前主席,世界知名教育理论家。我手头有她的这几本书——《学会关心:教育的另一种模式》《幸福与教育》《始于家庭:关怀与社会政策》《批判性课程:学校应该教授哪些知识》《培养有道德的人:从品格教育到关怀伦理》。其中,我喜欢也最受益的还是最先读到的《学会关心:教育的另一种模式》。

关心,作为教育教学中的高频词语,到底是怎么一回事?我们真的会关心吗?内尔·诺丁斯在《学会关心:教育的另一种模式》一书中,细致入微地研究了这个问题。她直接将关心看作一种新的教育模式,提出"关心必须主导学校课程",因为教育的目的应该是培养有能力、关心人、爱人也值得人爱的人。

当然,对照我们的教育生活,这些话听来可能会让你甚感遥远。没错,作者也深知这一点,本书1993年问世,2003年中文版面世,作者特地寄言中国读者:

距离此书第一次出版,十年时间已经过去,而书中所提主张的重要性在今天却有增无减。在过去的十年里,美国学校教育经历了一种令人可悲的变化:所有学生都被强迫灌输一个统一的标准课程,并且接受统一的标准化考试。虽然遭到众多富有远见的教育理论家的反对,考试机制仍然控制着我们的学校生活。

原来一切并不遥远。所以,我们有必要知道,在现有模式之外,确实有着更开明、更理想的模式,也许这样的模式现在还无法实现,但这是引导教育前行的力量。《学会关心:教育的另一种模式》第一章和第三章对当下教育的考察深刻透彻，内尔·诺丁斯批评的就是我们正在经历的教育生活。尤其重要的是，内尔·诺丁斯没有停留在批判上，而是有相当清楚的建设，她立足于关心的学校课程建设，分别为：

关心自我

关心身边的人

关心陌生者和远离自己的人

关心动物、植物和地球

关心人类创造的物质世界

关心知识

是不是可以说这样的教育近似于某种宗教，教书育人已经成了一种修行？是的，"教育须有信仰，没有信仰就不成其为教育，而只是教学的技术而已"（雅斯贝尔斯语）。有一本书——《给老师的信》，讲的是意大利一个小山村里一些十五六岁的孩子要求所有的老师都应像神父一样保持单身，以便全心全意地照顾学生。他们当然可以这么要求，因为他们的老师就是这样做的。

我非常喜欢《学会关心：教育的另一种模式》这本书，很多纯教育理论书常常难以亲近，但这本书不一样，它非常美好，非常善良，内尔·诺丁斯有着非凡的慈悲情怀，强调这个世界上"不管是富人还是穷人，他们都在接受一个在道德上贫困的教育"，没有平等，没有关心，所以，她用她的这本书，提出了一个真正的"人的教育"，给读者一种专业精神。这是什么样的精神呢？那就是必须将自己想象成一个由一大群不同孩子组成的大家庭的父母，然后问这样的问题：我想为这些孩子做什么？我想为每一个孩子做什么？怀着这样的思考，投身于教育，为培养所有孩子贡献力量。这就是《学会关心：教育的另一种模式》带给我的。

后来，读到一份材料，是关于内尔·诺丁斯本人的。她一生有 18 本著作，其中有 10 本是在 70 岁之后完成的；同时，她是 10 个孩子的母亲，其中 5 个孩子是收养的。她以自己的行为捍卫自己的教育观念，这是她对我的教育观念的又一次冲击与塑造。

接下来这位可能有点儿特殊，虽然曾是教育圈内人，却早已弃教而去；他的本职是画家，但前些年他对教育的发言，却深深感染也教育了我。他就是陈丹青先生。

大概从 2006 年起，陈先生的人与书就牢牢吸引着我，我读他的书，看他的访谈，听他的牢骚，《退步集》《纽约琐记》《多余的素材》《退步集续编》《荒废集》，直到近年的《笑谈大先生：七讲鲁迅》《陌生的经验：陈丹青艺术讲稿》，收在手边，有空就翻，只要一翻，就能迅速读下去。那年陈先生自清华美院辞职，闹得沸沸扬扬。他就像安徒生笔下那个天真的小男孩，说出皇帝压根儿没穿衣服的事实，将大家心知肚明的捧上桌面，勇气可嘉。这种勇气对我，恰恰就构成了审视与批判教育这一观念的启蒙。长期阅读他的著作，会形成一种与他有关的教养，那就是理性、审慎、明晰，同时不乏温情与热烈。我喜欢陈丹青，就在于他的言说，他毫不隐讳地将心中所念如数倒出，愤怒背后又有强烈的期许。他对青年人总有一种又怜又惜的教导，在这一点上，他与鲁迅类似，一切都看透，却不退缩。

关于现在的教育制度，他总结道："将小孩当成大人管，将大人当成小孩管。简单的事情复杂化，复杂的事情简单化。"别人向他请教如何写文章，他说："我也不会写文章的，木心先生给我改，我就注意他有时换动一个字，整篇文章的光彩就不一样，意思也不一样；还有就是我写文章，总想着是给比自己高的人看。"

他曾有一篇小文章，是写给导演贾樟柯的，收录在贾樟柯《贾想 1996—2008：贾樟柯电影手记》一书里。在文章里他写了这么一段话：

  永远不要等着谁来救我们。每个人应该自己救自己，从小救起来。什么叫做救自己呢？以我的理解，就是忠实自己的感觉，认真做每一件事，不要烦，不要放弃，不要敷衍。哪怕写文章时标点符号弄清楚，不要有错别字……这就是我所谓的自己救自己。我们都得一步一步救自己，我靠的是一笔一笔地画画，贾樟柯靠的是一寸一寸的胶片。

  我常常想，对教育、对教学，我们总会有各种各样的想法，无论是在理念上，还是在实践中，都要像陈先生所说的这样，忠实于自己的感觉，认真做每一件事，不要烦，不要放弃，不要敷衍，画画就一笔一笔地画，拍电影就一寸一寸地拍，教书就一节课一节课地教。陈先生在清华大学带过学生，虽然他现在不教书了，但从他的著作里，仍然可以悟到什么是教师的天职，教师又如何承担自己的天职。这样的思考本身正是观念的形成与塑造。

  我们从事教师行业，必然会不断思考教育，常常会追问教育的原点：办教育是干什么的？大学是干什么的？中学是干什么的？小学是干什么的？很多时候，教师也许不必急着去追求专业发展，可以先想一想，自己身上到底有没有一种为教育的专业精神。专业精神之外，还有专业智慧，在这一块法国当代著名科学家、社会活动家阿尔贝·雅卡尔予我甚多。

  阿尔贝·雅卡尔的身份比较复杂，他是遗传学家，是人口学家，是大众思想家，是社会活动家，尤为重要的是他是一个小姑娘的曾祖父。为了向这个还没来到世界上的小女孩解释世界，他写了一本《写给未出世的你》。雅卡尔曾经担任过法国的教育部长，所以，他对教育的关注可谓在情理之中。应该说，正因为雅卡尔本身知识结构的多元，以及他独特的数理思维、复杂思维，所以他的著作就有独到之论，这些见解又接近理想教育的本质。所以，雅卡尔这位高人，用他的著作为我开启了关于教育的另一扇窗户。此后多年，他的观念直接作用于我，让我看待教育的眼光发生了变化，让我在教育实践中更多了一些更为人性化的思考。那么，雅卡尔是怎么看待教育的呢？他说：

教育就是启蒙孩子做交流的游戏，与周围的人互相交流，与过去的或其他地方的人群和文明做单向交流。所以，不管教育的内容是什么，是数学、物理、历史还是哲学，其目的并不是提供知识，而是借助知识，提供让人可以参与交流的最佳途径。

我确实觉得这才是课堂的本义。现在都在讲"课程建设"，经过长期思考，以及之后个人实践中的某些努力，我发现若站在雅卡尔的这个视角上，就能更好地理解课程，建设课程。所以，课程改革绝不仅仅是"改课"，本质上这是一个系统的变革，牵涉到教育系统的转向，牵涉到人的发展。课堂上的教师呢，甚至是一群不需要教学计划的人。

我想说的是，孩子提出的种种问题可以有许许多多十分不同的答案。因此教师的角色在于利用这些问题来传递他认为重要的信息。一种教学计划的存在将捆绑住教师，使得他觉得必须讲述这样或那样被规定的事物，而事实上他是可以利用这个机会讲些另外的事情。我觉得教师带着他们的学生忙乱地追随——一种没人能明白的教学计划是一种可悲的状况。从孩子智力发展的角度讲是令人遗憾的。

阿尔贝·雅卡尔的书译成中文的不少，《没有权威和惩罚的教育？》《睡莲的方程式：科学的乐趣》《写给未出世的你》《献给非哲学家的小哲学》，都不是专门的教育理论著作，但比起某些艰深的理论著作来实在是清晰而通透。他那些令人瞠目的观点，建立在深刻的教育考察的基础上，他尖锐地让人看到教育的本质被背叛到何种地步，所以他屡次重申，教育体制的作用不再是帮助孩子准备好进入这个社会，而是让他们建设一个新社会。对个人而言，教育应该是帮助他在未来的生活中更成功地寻找自己的幸福。

　　从这一点出发，为人师者都可以去读雅卡尔，看这位风趣的遗传学家如何给我们教育者以教育。事实上，他的很多话不仅促使我转变观念，更让我快乐，我常常读着读着，就笑了。

　　阿尔贝·雅卡尔推动我走向教育的原点，但迄今为止，就"教育"这一概念，我所得到的最好的认知，来自另外一位大学者，他就是大名鼎鼎的雅斯贝尔斯，还有他那本薄薄的《什么是教育》。

　　在谈这本书之前，我想先引一句话，我敢说，这句话，几乎很少有做老师的没听过："教育就是一棵树摇动另一棵树，一朵云推动另一朵云，一个灵魂唤醒另一个灵魂。"人们引用这句话，一般都会注明出自雅斯贝尔斯的《什么是教育》，而很多人也的确是通过这句话，了解到有一位雅斯贝尔斯，有一本《什么是教育》。但是，我明确告诉所有老师，雅斯贝尔斯的《什么是教育》里，是没有这句话的。我一个字一个字读过去，发现书里的确没有这句话，我猜测，之所以这句话被安在他的名下，被安在这本书里，是因为他对教育本质的判断，确实与之相关。他认为教育是一种唤醒、一种影响、一种体验。很可能，这句话是某个人对他思想的诗意概括，后来不知怎么就传岔了，成了他本人的话，可事实不是这样子的。

　　《什么是教育》是雅斯贝尔斯存在主义教育思想的代表著作之一，它的篇幅不算大，但影响广泛。这本书以存在主义哲学为认识论基础，从"生存""自由""交往""历史""超越"的存在哲学概念出发，指出教育就是人的灵魂的教育，教育活动的本质是文化的传承与精神的自由交往。教育的目的是达成人的自我生成。为实现这一目的，雅斯贝尔斯提倡进行文化教育，提出自己偏重传统而又结合现代的课程思想，并表达了对教师、对教学、对陶冶等的主要看法，从而赋予了存在主义教育思想以具体的内容。

雅斯贝尔斯在书里写道：

教育依赖于精神世界的原初生活，教育不能独立，它要服务于精神生活的传承，这种生活在人们的行为举止中直接表现出来……在我们时代里，精神命运必然决定教育的内涵。

教育一事，往小处说，无非是万千职业中的一种，到底不过是自家糊口之行；往大处说，且不谈经国之大业，至少对每个孩子来说，几乎就是"命运"般的投入。如果孩子遇到的老师带一个所谓的"大循环"，也就是从一年级带到六年级，倘若他是好老师，尚可期待；倘若相反，那还有比这更可怕的吗？我希望，我的课堂，能够成为孩子们好的精神命运。

在如今这个时代，当我们谈论教育的时候，一方面欣慰地发现论教育的新书层出不穷，教学技巧、技术、形式持续地丰富；但另一方面，教师们还缺乏一个整体的支撑，尤其是"有实质内容的教育"正在被无数所谓的"发现""实验"和"旋风"瓦解，而变成无休止的肤浅循环。因此，当回到雅斯贝尔斯的《什么是教育》时，你会理解，身为教师，我们的任务绝不只是着眼于未来，更多的恐怕还是要着眼于学生和我们的当下。因为当下才是实然的，才是方方面面需要的。所以，许多时候，教育者要用自己的努力，让我们和学生感受到每个个体的生长——生命的、知识的生长。"人的回归才是教育改革的真正条件"，从某种意义上说，这句话强调的是，只有教育者将自己和学生当人来看，我们的工作才可能有意义、有成效。当然，这成效，不仅仅是学业上的。面对不可改变的格局，我们需要的恐怕就是自己对教育的信仰与追求，并且要有将这信仰与追求付诸实践的努力。一方面，我们要坚守我们的信仰；另一方面，我们在明知不可为而为的情形下，还要学会妥协与周旋，以期在我们的努力下实现对现有的教育问题的改善与纠正，让我们通过自身的改变唤醒他人的改变，在共同的、点点滴滴的努力中，慢慢地使教育回到常识上来。

我长期执教于乡村，不敢说对乡村教育有多少深刻的洞见，但观察还是有的。那一年，第一次读到陶行知先生的《中国乡村教育之根本改造》一文，我莫名惊诧与惊叹。

中国乡村教育走错了路！他教人离开乡下向城里跑，他教人吃饭不种稻，穿衣不种棉，做房子不造林；他教人羡慕奢华，看不起务农；他教人分利不生利；他教农夫子弟变成书呆子；他教富的变穷，穷的变得格外穷；他教强的变弱，弱的变得格外弱。前面是万丈悬崖，同志们务须把马勒住，另找生路！

这篇文章写于1926年，近一百年过去了，乡村教育不还是存在着陶先生痛陈之弊病吗？

陶先生在乡村教育建设上做出了卓越贡献。我读他的著作，最被打动由此铭记的是先生对教育之"理想信念"。他的"理想信念"是什么呢？

"生路是什么？就是建设适合乡村实际生活的活教育。"陶先生的信念就是，要从乡村实际生活产生活的中心学校，从活的中心学校产生活的乡村师范，从活的乡村师范产生活的教师，从活的教师产生活的学生、活的国民。

回望过去，陶先生在乡村教育上所做的努力，现在的乡村教师是否可以接续？是否可以将陶先生的"理想信念"内化为自己的理想信念？在《新教育》一文中，陶先生正是这么讲的：

新教员不重在教，重在引导学生怎么样去学。对于教育，第一，要有信仰心。认定教育是大有可为的事，而且不是一时的，是永久有益于世的。不但大学校高等学校如此，即使小学校也是大有可为的。

在陶先生看来，新教育的新教员，第一要义就是要有"信仰"，就是对教育、对未来的"理想信念"。他始终深信"如果全国教师对于儿童教育都有'鞠躬尽瘁，死而后已'的决心，必能为我们民族创造一个伟大的新生命"。显然，时至今日，乡村教师同样要具有如此理想、这般信念。

有一次我组织读书分享活动，安排了对《陶行知教育名篇》一书的同伴共读，不少老师在阅读后感受到了陶先生的力量，有位姓袁的老师在读后感里激情写下：

也许由于从教不久，我还不能深入体悟到作为一名教师的责任与艰辛，但可以肯定的是，读书使我重新认识了教育工作的价值，汲取了更多的豪情、希望、智慧和力量，我的心一次次地感动着，如潮翻涌。我相信陶行知先生的思想就像一盏明灯，高悬在教育梦想的上空，伴我一路前行。

是的，一位乡村教师如果能够经常细细读读陶行知先生的书籍与文章，把先生的话放在心里经常琢磨琢磨，对个人理想信念的树立，是极有助力的。可以说，理想信念不仅是每一个普通人精神的钙，也是每一名乡村教师的灵魂之钙，更是每一名学生急需补充的思想之钙。这个钙补得及时、适量，就会让每一名乡村儿童坚定理想信念，树立远大理想，努力学习，建设乡村，报效乡土。

在这些年的教学实践中，有一位学者对我影响也很大，但我提起不多，因为提到这位学者，大家往往都会想到一项很多地区与老师参与的研究，而我没有具体参与其中。这就是日本教育学者佐藤学先生，那项研究就是"学习共同体"研究。

很多老师是从《静悄悄的革命：课堂改变，学校就会改变》一书认识佐藤学先生的，关于"倾听"、关于"润泽的教室"，曾经是很多老师温暖的发现。我的路径则有点儿不同，我是在读了《课程与教师》一书后，反过来找先生的其他著作，除了《学习的快乐：走向对话》，《教师的挑战：宁静的课堂革命》与《学校的挑战：创建学习共同体》是我更为喜欢的。我更多的是将佐藤学先生的观点拿来用，将其运用在教师培训这一块，效果特别好。

做过一次集体备课尝试，就是以佐藤先生提出的"学习中心"为路径。集体备课，在各所学校中都是司空见惯的，无论作为备课制度，还是作为教研策略，在目前的学校管理中都是常态，还发展出了不同的形态，像现今校本研修常用的"备课组观摩""同课异构"，在某种程度上确实有效地促进了学校、教师教研力的提升。但是，佐藤学先生指出："几乎所有的中小学均规定校本研修的目的是'上好课'。然而，学校的责任就在于'上好课'么？教师的责任就在于'上好课'么？"这话实在值得教育者细思，集体备课的目的与功能，到底是为"教"准备，还是为"学"服务？就好像在集体备课的讨论中，观摩者总会针对某个教学情境中执教者的"教法"建议另一种"教法"。问题是，这种建议有什么意义呢？在限定的某种情境中，"正确的教法"有上百来种。观摩者向执教者提议另一种"教法"，仅仅是提示了观摩者的"教法"而已，除此之外，没有任何意义。在这样的状态下，集体备课实效的评价到底以什么为标准呢？

于是，在一次集体备课实施中，我带领三年级团队依托课文《金子》，将活动实施定位为"学习中心"，将研课核心、讨论重点由"教"向"学"转变，以"学生学习"为取向进行思考、讨论，同时，研课的整个过程也是"教师学习"的过程，对集体备课实效的评价也以"学生学习"为中心。

结果，那次集体备课的过程贯穿了从备到教到研到再教，效果极好，除了显出"学习中心"的必要性与有效性，更是通向了佐藤学先生所倡导的"同僚性"校本研修。所谓"同僚性"，是指中小学教师基于共同的教育愿景，在频繁地探讨教育活动、展开新的教学创造的过程中所建立起来的"合作性关系"。佐藤学先生直截了当地提出，在这样一种研修模式下，教师自身必须从"教育专家"转型为"学习专家"。倘若以一句话概括佐藤学先生对我的观念的改造与重塑，就是这么简单——做老师的，要从"教"走到"学"，你是"教"者，也是"学"者。

最后要说的这一位，是近十年来，我反复阅读并思考的一位低调而厚重的学者——张文江先生。他的《古典学术讲要》，我重读多次，每次读都深深为之沉醉，尤其是第一篇关于《学记》的讲记，几乎将中国文化传统里的教育观念全部打通了。

这本书里到底有什么？曾写有专文，讲到五大方面：有传统——古典之魅；有课堂——教学之场；有智慧——学问之通；有善良——为师之道；有气息——人情之醇。

著名学者赵汀阳如此评价《古典学术讲要》：

张文江先生这本书并非对中国古典著作的普遍讲解，其实是一本不厚的书，只是选讲了几篇典籍，也不是通常认为最重要的篇章，然而张先生的解读方式十分吸引人，不仅中国古典学术功力深厚，而且时常与西方典籍进行富有见地的比较，甚至可以看出张先生在多种学科如经济学、社会学、哲学等等上都有相当学养，虽是对古典的解读，却与当代问题不隔，其中诸多高论令人佩服。总之是本很好的书。

"高论"是什么，或说来自哪里？无他，智慧。张先生真的把学问做通了，他对经典的解释，不是只钻故纸堆，而是"打破中西体用之类的限制"，与今人对话。所谓今人，又是中西兼有。他解释中国古代经典，常和西方硕儒心意相通。这部书就是从亚里士多德引入，而这之后则谈到苏格拉底、柏拉图、色诺芬、维兰德、黑塞、怀特海……他在中国古代典籍和西方哲人之间架起了桥梁，他通透、通达、通畅，闪烁着思想光芒的话语，随便翻到哪一页，俯拾皆是。它时时让你感受到，什么是信手拈来、旁征博引，什么是思接千载、视通万里，什么是左右勾连、洞幽烛微，什么是思如泉涌、智慧满溢……书中引用了一句张先生也不知道是不是苏格拉底说的话："不能以人们寻常想象的方式传授智慧和美德。"（《色诺芬的〈会饮〉》）张先生这种讲授也不能说是人们想象不到的，但是，他的精深与厚重，实在是深不可测，完全没法预料。听说过一件事，从中可以看出张先生是真正的读书高手，他家中藏书甚少，因为他每每翻完一本书便送人。这一点让我瞠目，有智慧的人，与书的关系才能这般云淡风轻，他能把书籍所有化为自家智慧。

书中，张先生讲教育真正的功能，在于判断一件事情该不该做，至于如何做一件事情，还是其次的作用。这就是《学记》里写的"求善良"。作为老师，张先生自己毕生求善良，最终，这些又都在他的《古典学术讲要》里体现出来。为师之道，同是善良。

《古典学术讲要》，往小处说，从中可以看到张先生对学生的拳拳之心。说到底，他讲的学问，是与人生直接关联的，他不是讲授知识，而是希望借这些学问让学生更好地生活。他会从经典出发，联系生活中的人情事理，给学生以提醒或者警示，让他们不致误入学问与人生之歧途，正如他在给某学者的信中所言："《古典学术讲要》的主题还是在于谈教育，此教育应理解为人在天地之间，小而言之在当今社会中，何以自处。"

往大处说，张先生的善良在于对传统文化的责任与担当。近三十年来，他一直试图理解中国古代的部分典籍，在他看来，"保藏并阐发这部分内容，既是中华民族应尽的责任，也是中华学术的向上之路"。这很令人感动，如此善良的心，正是为师之道。张先生的为师之道，还有一个特别好的，那就是"让"。他提出，如果学生真的发挥了，老师要退让，要闪避，不阻止学生的进步。他借着《学记》谈到这一点，说这才是教育的最高境界，老师与学生实际上可以互相替换，"好的教师永远把自己当学生，而学问有些至深之处，只有当了教师才能学会"，所谓"教学半"，就是这个意思。

说到这里，我想可以做一个总结，我的教育观念之旅，实际上就是"教学半"，在教中学，在学中教，边学边教，边教边学。阅读，确实是克服观念之蔽的重要方法，因此，它也足以克服生命与思维的有限性。在这个时代，一个人的生命是很固化的，尤其是教师，单调而机械的教学一旦成了一种体力活，就会磨损自身的灵性与慧根。但阅读中，存在着突破思想和认知边界的可能性。对一个自由的灵魂来说，可能性是一个何等重要的词，思想的探险同样是激动人心的，观念之旅也正是如此。当然，我的教育观念之旅中并非仅仅只有这十个名字，还有很多，比如卢梭、杜威、蒙台梭利、阿兰、河合隼雄、刘绪源、张大春，等等，归根到底，不在于名字的多少，而在于对这些名字背后的观念的吐纳和呼吸。也正因为如此，我的教育观念之旅永远不会停止，未来沿路的风景一定还会很多很多，就像那些迷人的好书，总会一本又一本接着到来。

有如灯塔，照亮儿童

一直爱读刘绪源先生的文章。

刘绪源先生的书好读，又耐读，就像他有篇文章讨论儿童文学的"深度"，说了一句："它有多深，就该有多浅。"多棒啊，耐人寻味，不落窠臼。这话移来说他的文章，一样贴切——"有多深，就该有多浅"，不容易。他是文体家，且不说他那些好看的书话与随笔，他的每篇评论都是好文章。说到他的评论，就不能不提这一册《文心雕虎全编：1999—2016》（广西师范大学出版社2018年版）。

《文心雕虎》本是刘绪源先生自2000年开始，在《中国儿童文学》杂志上开设的专栏，2004年由少年儿童出版社结集成书。有一次，朱煜老师在旧书店里见到，买下分我一册，从此，这本书就成了我的宝书。2016年，应编辑约请，刘绪源先生重新整理，增删选文，编定完成这一册《文心雕虎全编：1999—2016》。出版后，我赶紧买来再读。新书分上编、下编与附编三辑，都是极好的童书评论，或者关于童书的漫谈，谈创作，谈题材，谈艺术追求，谈儿童观，谈阅读推广……此番重读，又一次感受到刘绪源先生独特而迷人的风格，这些文章清浅而深刻，灵动而厚实，明晰而有情致，最重要的是一个"真"字。刘绪源先生讲真话，表真心，用真情，他对年轻作者的关切与呵护、对儿童文学的直言和敏锐，跃然纸上，历历在目。

比如"讲真话"，《"从来才大人，面目不专一"》一文评论的是儿童文学作家玉清的作品。对之刘绪源先生一向认可，可是，当看到玉清总是热衷于某一类描写时，他还是忍不住直言："说心里话，这一次，我有了一种反感。"接着就具体讲了他的感受，如此直截了当，直言相告，真是再真不过的"真话"。更难得的是，刘绪源先生情知这些"真话"可能带来的影响，仍然坚定地讲出来，他说："不写下这些，我会觉得我不诚实，我会继续言不由衷。"在我看来，"讲真话"真正可贵的地方还不是对别人，而是对自己。刘绪源先生评论中的"真话"，都是坚持自己的艺术观念，依循自己的艺术眼光，给自己一个真实的交代。而这样的追求并不是要伤害他所批评的对象，而是为了推动他们进一步成长，就像在上述文章中，他最后写下的一句是，"我想，玉清应该是个'才大人'"。这同样是真话，是他心中对作家们真实的要求和期许。

说到"表真心"，可以说，刘绪源先生《文心雕虎全编：1999—2016》里的每一篇，都是在表达他的真心，收于本书作为自序的《什么是儿童文学研究最重要的工作》一文就说道：

在儿童文学研究中，最重要的就是关注当下的创作，寻找创作前进的动因，发现创作中不断出现的"新质"。

这就是刘绪源先生的真心：他持续不断地关注新人新作，及时予以阅读上的呼应、指导与反馈；他关注当前创作的热点或思潮，总是很快地从理论上进行剖析，给读者引领；他关注儿童阅读的理论建设，常常提出新的理论观点，并不厌其烦地结合作品探讨这些观点，作者与读者往往都能从中受益。例如《文学与不满》《儿童文学的神秘入口》《儿童文学的"轻"与"重"》等就是这样的作品，每次读时我都感慨，刘绪源先生看得准，写得又好。

说到这里，应该坦白，《文心雕虎全编：1999—2016》，无论是从阅读童书的角度，还是从学写评论的角度来说，都是我无声的老师。私底下我常学习刘绪源先生文章里的腔调，模仿他的行文，"偷"

他的引用,别林斯基、高尔基那几句话太漂亮,有几回放出来,编辑老师尤其称赞。我心里明白,这都是从刘绪源先生那里得来的,不过是二手货。由此可见刘绪源先生有多丰富,有多深邃。

还有"用真情",读本书附编即可见一斑,附编四篇是刘绪源先生应《文艺报》之邀所写的有关国内儿童文学创作动向的综述,只是写出这四篇文章的题目,就能感受到他用情之专、用情之深、用情之重:《回到生活,回到文学,回到美——近三四年原创儿童小说阅读笔记》《儿童小说的早春天气——近年部分作品之读与思》《听一听儿童文学的脚步声——2015年的回望与思考》《却顾所来径,童稚满山林——回望近五六年儿童文学发展》。好题目,好文字,好情意。

刘绪源先生在书中讲到他对"质感"的发现,说文学中的质感,是由那些"编不出来"的部分组成的,而能够撑起质感的,"只能是生活赐予的,是你生命中所偶遇的,是长期积累的独到发现和体验"。我想,《文心雕虎全编:1999—2016》最大的质感就在于它的"真",这正是刘绪源先生赐予我们的独到发现和体验,也是他奉献给儿童文学的"真生命""真性情"。这一点,我从与先生并不算多的交往中,也能时时处处感觉到。

《文心雕虎全编:1999—2016》封面设计得好,据说先生生前已经看过,很满意。确实,那放射光芒的庄严又可爱的灯塔——独立,善良,温暖,去往光明,不就是多年来先生为儿童、为童年阅读的写照?刘绪源先生这一生,道德文章,山高水长,哪怕只是这些儿童文学评论,也足够闪耀金色光芒。所以,希望更多儿童教育工作者、阅读推广人,能够读一读这本闪耀光芒的好书。它将有如灯塔,长久地为我们照亮儿童世界与童年秘境。

下辈子如果我还记得你

连日大雪，停课封门。妈妈偶然一念，一家人凑在电脑前看起了一部老动画——《花田少年史》。上一回与妈妈一起看时还没有念念，转眼十来年，这两天屋外漫天飞雪，三个人随着剧情一会儿欢笑，一会儿落泪，全然不觉空气中的寒冷。

还是那么好看，爆笑与温情无缝对接，连忧伤也那么明亮，很多地方仍让我感动得不能自已。其实动画情节并不新鲜，主人公名叫花田一路，是个超级调皮却很善良的顽劣小孩，他"总是在恶作剧，来学校只是为了吃便当"。一次车祸之后，他获得了能看见幽灵、与幽灵对话的能力，从此就不断有幽灵找上门求助于他，让他帮忙完成自己在人世间这样那样的寄托或心愿，直到完成，他们才放下心结与执念，赶往下一个轮回。听起来，也是很多日剧里的桥段。

在日本，幽灵鬼怪故事是有传统的，常有恐怖的怪谈、瘆人的精怪，而《花田少年史》里更多的是纯真与天然，其中的幽灵多是乡里乡亲，他们托付花田一路的也是些日常琐事：照顾小狗，整理遗容，甚至还有滑稽的，如第八话，那家伙拼了最后的精神想要的只是贴一贴女性美好的胸部……（《泪洒胸前》）

这一回看，我忽然想弄明白，为什么老套的故事会如此打动人心。显而易见的是剧中人物与情节的设置，讲述的是幽灵对人世的不舍、对亲人的留恋，他们彼此间的思念与牵挂，关于爱情、亲情、友情、家庭、信义，始终有一条深厚的情感线维系着死者与生者。说到这里，我想到了一个近的——这些天大热的手机游戏《旅行青蛙》，它同样映射出这一点。那只很丧的青蛙也是"幽灵"一般的存在，此前还灯火通明的房间突然一连数日空空荡荡，刚刚吃饭不止、奋笔疾书或挑灯夜读的蛙崽突然不知所踪，一旦代入其中，我们果然会心疼、不安、想念和盼望。游戏如此，现实更甚，当生命逝去时，所有的盼望都将一点点化作绝望，尤其是一些未完成的、一些来不及完成的。这对活着的人来说是这样，对逝去的人来说怕也是如此。所以，现在有一路小朋友帮忙，能够让绝望稍微少一点儿，能够多一些安心，多一点儿慰藉，也是再好不过的了。《花田少年史》里，就贯穿着这样的悲伤和温柔，就像刘绪源先生生前评价《去年的树》，"浅到极点，而又无限地深"。

事实上，《去年的树》的末尾，小鸟最后见到的跳跃的火苗，就是她的树朋友的幽灵吧，她向着朋友的幽灵唱了最后一支歌，履行曾经的承诺。就幽灵来说，在彻底离开前，他得到了友情的守护，终于有了像样的道别，微笑着燃尽，化作一缕青烟，安然离开。从这个意义上来说，《去年的树》是死亡教育的好材料，《花田少年史》更是。

再想一想，我又记起河合隼雄先生在《孩子的宇宙》里关于教育的一番解说："人生不仅应该从活着的角度，也有必要从死亡的角度观察。"这个意识我倒是很早就有了，不是从河合先生这里得到的，而是从村上春树《挪威的森林》里得来的教训。木月自杀之后，书中有一句话触目惊心，那个版本还是用黑体字标示的——"死并非生的对立面，而作为生的一部分永存"。这是我存活至今的阅读记忆。河合先生对村上春树影响很大，"能和我产生共鸣的对象，过去除了河合先生以外，一个人都没有过"。"死……作为生的一部分永存"，这句话怎么读怎么像是出自河合先生之口。有关幽灵的故事，恰好可以看作是"从死亡的角度观察"。这么一看，很多事都会带来新的启发。

《花田少年史》第四话《向日葵盛开的家》讲了一个伤心的故事。名叫小新的小朋友不幸溺水而死，妈妈悲痛成疾，失去了生活的勇气。于是他找一路帮忙，要让自己的妈妈重新振作起来。这一集的后半段让妈妈和念念两个人哭傻了。有意思的是，帮到小新的一路回家后被妈妈责备，他相当不满，辩解道："要感谢有我这样孝顺的小孩。"妈妈很奇怪，问他哪里孝顺了。一路得意地笑了，说：

"毕竟我还活着！"

了不起！这是多么深刻的"觉知"！不枉他与幽灵打交道，他对生死的领悟已远超很多大人。的确是这样，在这个世界上，无论是至亲、好友还是师长、后辈，"活着"，不就是彼此感同身受的最大幸福吗？小朋友说"毕竟我还活着"，对真正爱他的大人来说，这个事实本身不就足够珍惜又珍惜，宝爱又宝爱了吗？很多时候，开始都是这样，孩子出生时，大人努力照顾，只要孩子身体健健康康就很满足；当孩子渐渐长大时，大人就淡忘了"活着"的珍贵，有了更多附加要求与追赶，慢慢地，大人和小孩都为之纠缠苦痛。

因此，河合先生在书里写道：

谁都无法承受一天到晚考虑死亡，但还是应该试着把自己、把孩子当成正在不断走向死亡的事物来看一看。由此，大人对教育孩子的态度应该也会有所改变，至少那种贪心和焦躁的态度会有所缓和。

河合先生举了一个自杀未遂的医生的例子，这位医生的母亲只看到了自己的儿子总是名列第一，不断前进并且出人头地，却从未想过从死亡的角度来观察儿子。如果这位医生真的自杀而死，他的母亲一定会后悔"真不该像那样老是逼着他学习"，"早知道应该让他多干一些他喜欢的事"。绘本《驴小弟变石头》里，驴小弟不见了，怎么也找不回，驴妈妈就有相同的觉悟："往后，我再也不说他了，不管他做了什么事儿。"

昨天晚上，听闻某地一天有三个学生跳楼——起因都是成绩单上的分数不理想。多么残酷的"理想"！到底怎样才能"理想"？是谁定下了这样一个"理想"？就是不能"理想"，怎么办？何况，曾几何时，"活着"不才是爸爸、妈妈和孩子最大的"理想"吗？此时此刻，那些小朋友的幽灵是否也正在某处不安地游荡，而他们的爸爸妈妈，一定悲恸欲绝，后悔万分？可是，什么都不能挽回了。大概，很少有爸爸妈妈想过，要感谢自己的小孩，毕竟他还活着。如果从这个角度想的话，心情就会平静很多。无论现实如何，首先要努力活着。无论谁，"努力活着"本身就是一件非常了不起的事情。对孩子，大人时刻要明确的正是这一点，对自己也是这样，难道自己会永远不死吗？

动画片里的小新与妈妈无比相爱，最终鼓起妈妈生活勇气的，是他对妈妈说，将来还要做她的孩子，因为"我当你的小孩好幸福"。毫无疑问，大人与小孩能够有这样的亲子关系，绝对是完美的。想象一下吧，将来我们与自己的孩子在死后的世界相会，我们互相会说些什么呢？我们会不会倍加满足于前生的相遇，愿意未来依旧做亲人？记得有首歌叫《下辈子如果我还记得你》，假如下辈子孩子死也不肯记得你，这样的大人是要好好反省的。

怎么反省呢？河合先生在《心灵晴雨图：河合隼雄谈自我认知》里给出了明确的、可以从现在就开始的做法。

如果我们对每天都在一起的人采取某种与平常不同的做法，把他们当成从另一个世界特意赶来的人，与他们展开对话，感觉会不会稍有不同呢？

是的，千万不要等到那个人——无论大人，还是小孩——真的去了另一个世界，再去痛心伤悲追悔莫及。本来，我们就是因为无与伦比的机遇，才从另一个世界特意赶来，得以生活在一起，不管是谁，都要珍惜。

陪儿童站立在课堂中央

多年前,陶行知先生应陈鹤琴先生邀请,写了一首《教师歌》,作为儿童教育社的社歌。

一

来!来!来!
来到小孩子的队伍里,
发现你的小孩。
你不能教导小孩,
除非是发现了你的小孩。

二

来!来!来!
来到小孩子的队伍里,
了解你的小孩。
你不能教导小孩,
除非是了解了你的小孩。

三

来!来!来!
来到小孩子的队伍里,
解放你的小孩。

你不能教导小孩，

除非是解放了你的小孩。

四

来！来！来！

来到小孩子的队伍里，

信仰你的小孩。

你不能教导小孩，

除非是信仰了你的小孩。

五

来！来！来！

来到小孩子的队伍里，

变成一个小孩。

你不能教导小孩，

除非是变成了一个小孩。

"来！来！来！"陶先生以他一贯的智慧与热忱，用一声声真挚的呼唤，告诉所有老师一个真理——只有了解、解放、信仰了儿童，才能做真正的儿童教育。读完成尚荣先生的《儿童立场》一书，我不禁又想起了陶先生的《教师歌》，我觉得成先生这本书与陶先生的儿童观息息相关，它同样告诉所有老师，儿童研究是教育研究的母题，儿童立场是教育的基本立场，立足于儿童的教育才是真教育、活教育！

"立场"是人们认识和处理问题时所处的地位和所抱的态度，"儿童立场"是指教育者所处的地位和所抱的态度应基于儿童，从儿童出发。成先生说，儿童立场不是一句空话，也不只是表面的尊重，其深度在于价值的追寻。《儿童立场》这本书，就是成先生对他所认定的价值的精彩阐述，他用了四辑文字，从不同的角度切入，深度剖析了"儿童立场"作为教育基本面的重要性，还有如何做到的策略引领，更指出了教育者必须关注的儿童研究视角的确认、调整与发展走向。

到底怎样才是"儿童立场"？书中第一辑就给出了明确的答复："教育的大智慧是认识和发现儿童。"换句话说，认识和发现儿童就是"儿童立场"。成先生引用了卢森堡的一句话："一个匆忙赶往伟大事业的人没心没肺地撞倒一个孩子是一件罪行。"我特别喜欢这句话，它简洁形象，恰恰给出了"认识和发现"的真义。对教育者来说，儿童始终应在自己的前方，在自己的视野里，一个连孩子都要伤害的人根本就不是一个革命者，哪怕他从事的是再伟大的事业。可是，值得注意的是，现实之中，教师在赶往伟大的教育事业的路上，常常撞倒孩子。正因为如此，成先生提出了一个很重要的命题——"教师的第一专业是儿童研究"，他用12个字来表达这项研究的主题：认识儿童，发现儿童，引领儿童。这一主题的根基在于"回到儿童中去认识真正的儿童，发现真正的儿童"。——这不就是陶行知先生《教师歌》所指的吗？成先生提了四点"回到"，值得所有教育者重视。一是回到儿童原来的意义上去，二是回到儿童最伟大之处去，三是回到儿童完整的生活中去，四是回到儿童的生活方式和游戏方式上去。细细推敲这四点"回到"，几乎可以说这就是《儿童立场》一书的核心立场，因为它们所指向、所呼应的实际上是一个很大的问题——"儿童是谁"。

儿童是谁呢？对这个问题的回答决定了教育者可能是个什么样的教育者，他的教育观必然来自儿童观。成尚荣先生提醒我们，在拉丁文中，"儿童"一词意味着自由者；儿童的最伟大之处是"可能性"，意味着生命伟大的创造；儿童生活在三个世界——现实世界、理想世界、虚拟化世界，让儿童真正地生活，就是对这三个世界不偏废，更不遗漏；儿童还是游戏者，游戏是儿童的生活方式，也是儿童的学习方式。成尚荣先生的儿童立场就建立在这样具体的儿童之上，他娓娓道来，给了我们很多实践性智慧。比如，有一篇《小学不小：人生的透镜》，绝大多数老师都知道小学并非人生中可有可无的一段，但能够将小学与人生的联结分析得如此深刻、灵动，并且诗意盎然，大概非成尚荣先生莫属。他从儿童心性、童年根性出发，指出"小学不小"，让儿童在童年的力量推动下，"铺展学习之旅"，在实践中成长为一个真正的人。

借用日本著名作家村上春树的话，真正的儿童立场，就是"在一面高大、坚固的墙和一个撞向墙的儿童之间，我将永远，站在儿童的一边"。怎样才是"站在儿童的一边"呢？《儿童立场》一书二、三两辑（《派到儿童世界去的文化使者》《可能性的召唤》）即讲了与之相关的有效研究、实践策略、典型人物、学习方式。这两辑中的文章温暖又自在，《教师：派到儿童世界去的文化使者》《儿童研究：教师的"第一专业"》《教研：教师前行的罗盘》，这些别具一格的比方，是成尚荣先生儿童立场的最好寄托。成尚荣先生是理论家，是实践家，更是行动者，他在长期的研究与访学中，关注学校，关注一线，关注校长，关注教师，因此，他发现了"尝试教育"的儿童理论基础，看到了周益民老师母语课背后的童心与诗意，抓住了南京实验幼儿园课程中所应和的儿童成长节拍……从儿童中来，往儿童中去，成尚荣先生的行动与言论，是在召唤更多老师理解儿童，尊重儿童，帮助儿童。成尚荣先生很清楚卢梭讲过的那句话：

世界上有一门学问是最重要的，但是这门学问最不完备。这门最重要却又最不完备的学问是什么？是关于人的学问。

所以成尚荣先生不遗余力地写作、演讲，谈儿童哲学，谈儿童文学生活，谈儿童阅读境界，谈儿童学习方式的转变，听起来很不少，但归根结底就是一句话——"教育的目的是让儿童成为他自己"。毫无疑问，这应该是所有时代关于儿童的最大学问，更是这个时代关于儿童的最迫切的学问。

成尚荣先生走的学校多，看到的孩子更多，在最后一辑《心灵的谷仓与那口藏着的水井》中，他回到孩子身边，回到学校现场，更多地谈了儿童立场下的校园文化建设，鼓励为人师者从儿童身上汲取智慧，学会等待，善待错误，保护儿童创造的天性、丰富的潜能。这一辑里有不少故事，其中有一则引自《塔木德经》的《为未来多栽树》深深打动了我。"既然我的祖先为我栽树，我也该为我的孩子栽些树哇"，"十年树木，百年树人"，这个故事让我们领悟到"为孩子们栽树，就是为未来栽树"。孩子们本来就是一棵棵走向未来的树，是一个个"未被承认的天才"。教师该怎么做？他说："让我们重温自己的童年时代，让我们再做回儿童，只有永远和儿童在一起，才会永葆童心，充满生命的活力。"说真的，读到这句话时，我一下子就想到了成尚荣先生本人，难道不是吗？他始终守望儿童世界，和儿童在一起，所以一直永葆童心，在古稀之年，仍然拥有教育的大智慧，创造力勃发，使我敬佩而叹服。他的《儿童立场》值得所有老师静静阅读，细细咀嚼，慢慢吸收。它可以培养"一双观察教育世界的慧眼"，再让这"慧眼去改变我们的教育视界"。

成尚荣先生说："儿童研究是大学问、真学问。"《儿童立场》一书，就是学问之书，其中藏着太多可能性，是学问的可能、实践的可能、思考的可能、书写的可能……我一边读，一边记，一边想。他那些迷人的话语，让我一见难忘："教师——悬在屋顶的金星""让学生成为种诗的人""小学教育好比一个谜语，这是人生之谜，解开谜就会拥有更美的人生"……在儿童研究的道路上，他以《儿童立场》一书给出了饱满而个性的表达。在教育教学中，像他这样努力探寻，孜孜以求，不停歇地认识和发现，也是同为教育工作者的我们的必修课吧？这还是陶行知先生说的那句话："来！来！来！来到小孩子的队伍里，变成一个小孩。你不能教导小孩，除非是变成了一个小孩。"

那么，就让我们追随成尚荣先生的脚步，来到小孩子的队伍里，变成一个小孩，陪孩子们一起站立在课堂中央。要记住，只有这样，才是你和我最闪亮的"儿童立场"。

第三辑

童书之趣

最重要的是,大人自己要有精神上的准备,与儿童共同成长。

一起抓住成长的缰绳

成长是无数经典童书谈论的共同话题，但是极少有童书将"成长"二字直接放入书名中。这就好像一则谜语，直接给出谜底太没意思。因此，第一次见到这个书名——《贝茜成长的奥秘》，实在有些诧异，不会吧，这是一本童书？事实上，我立马想到的是弗洛伊德那册《少女杜拉的故事：一位歇斯底里少女的精神分析》，《贝茜成长的奥秘》，单看书名，也很像一份案例分析，是吧？

等读完全书，我明白了，这还真是一份"案例分析"，美国作家多萝茜·费希尔创作的这部儿童成长小说，被称为"蒙氏教育法的生动指南"。"蒙氏"是指蒙台梭利，这部作品是一部小说，但其内容确实反映了蒙台梭利教育法的多个方面。贝茜成长的奥秘，就藏在蒙台梭利所提倡的儿童观与教育理念里。

一

蒙台梭利，20 世纪杰出的幼儿教育思想家和改革家、意大利历史上第一位女医学博士。1907 年，她在罗马贫民区建立"儿童之家"，运用独创的方法进行教学，取得了惊人的效果：那些普通的、贫寒的儿童心智都有了巨大发展，成了一个个聪明自信、有教养、生机勃勃的少年英才。《蒙台梭利教育法》被译成 20 多种语言在世界各地流传，引发了一场幼儿教育革命，至今仍深刻影响着世界幼儿教育。目前在我国，就有数量不小的蒙氏幼儿园，即以其教育法为宗旨与主张。

蒙台梭利认为，儿童拥有一颗能够吸收知识的心灵，拥有独自学习的能力，她说她"并不曾发明一种教育的方法，只是给了某些小孩子一个展示其生命的机会"。关于这一点，她的重要观念有：激发儿童的内在生命力，把自由还给儿童，人是通过工作构造自己的，培养儿童自我纠错的能力比奖惩重要得多。从教学法来说，则有"反对填鸭式教学""教师扮演协助者""尊重孩子的成长步调，不设课程表与上下课时间""混龄教学""丰富的教材与教具"等要求与方法。这样教学的最终目的也就是蒙台梭利所说的："我们的教育目的就是要帮助那些小孩子去自觉地发展心灵、精神和身体的个性，而不是要使他们成为普遍接受的文化中的个体。"（《蒙台梭利早期教育法》）

《贝茜成长的奥秘》之所以成为蒙氏教育的生动指南，是因为作者多萝茜·费希尔在1912年的意大利之旅中，结识了蒙台梭利博士，被她的教育法折服，于是决定把这一"以儿童为中心"的教学理念介绍给美国人，后来更为改善美国乡村教学环境而积极奔走。《贝茜成长的奥秘》出版于1916年，那时正是蒙氏教育法最为风靡世界的年代，费希尔以她对蒙氏教育法的理解，用小女孩贝茜的一段成长经历，写下了一个朴素而美好的故事。蒙台梭利读过这个故事，还给它写了一段推荐语，不过，我们等等再看她是怎么说的。

二

如果只用一句话说明故事里贝茜获得的成长，就是：在来到帕特尼农庄后，贝茜自觉地发展了心灵、精神和身体的个性，不再是最初那个被弗朗西斯姨妈庇护着的温室里的娇弱花朵。由此，故事的主要情节与关键事件，就是贝茜成长的经历，而她之所以能够获得成长，所有的奥秘指向的正是蒙氏教育观念与教学法。

比如，故事里贝茜成长的起点，是她下了火车坐上亨利姨公的马车。她还在想着姨公反反复复询问她是如何忍受"旅途艰辛"的，却不料姨公已让她"赶一会儿车"。接下去，费希尔深入一个孩子的内心，将她因被呵护而遮蔽日久的内心的最初复苏描写得细致而逼真，先是恐惧与抗拒，然而缰绳就在手里，不得不开始工作。起初取得了一点儿胜利，期待得到表扬，表扬还没得到，路上却险象环生，不得不全力以赴驾驶，终于猛然醒悟过来，"她想让马往哪边走，就拉哪边的缰绳"。

就在这时，伊丽莎白·安的脑子里有什么东西突然苏醒，开始活动了。……很可能她当时脑子里活动的就是她的思想，它正从沉睡中苏醒过来。她九岁了，在学校里上三年级Ａ班，这是她有生以来第一次有了自己的一个完整的想法。

这短短几句话，至少反映了蒙氏教学法的好几个方面。首先是"儿童自学的能力"。在蒙台梭利看来，儿童具有"吸收的心智"，创造着自己的"心理肌肉"，用于认识周围的事物，让知识直接进入心理。问题是，成人经常忽视这一现实，这种精神生命的自我学习常常被破坏。比如，孩子拿起一片树叶，妈妈马上跑过来让他扔掉，原因是妈妈觉得树叶脏；下雨天孩子兴奋地出门，大人怕他着凉生病，总是立刻叫回；孩子的日常生活，被安排得无微不至，马上要读四年级的孩子，都由大人一路护送到教室里……你当然知道，最后一句说的是贝茜，那个大人是她亲爱的弗朗西斯姨妈。蒙台梭利批评这样的大人剥夺了孩子成长的权利与机会，这样做的结果恰恰是害了孩子，阻碍了他们心智的发展，限制了他们的求知欲，成人要做的应该是，"准备一个自由的环境来配合儿童生命的发展阶段，孩子们的精神与秘密便会自发地显现出来"。

当亨利姨公将缰绳交到贝茜手中时，她就有了自我挑战的契机。放在弗朗西斯姨妈那儿，这是不可能的事情，她甚至将这样的事情认为是帕特尼一家雇佣小零工打杂。很显然，贝茜的内在生命力被激发了，她头一回自己弄明白了一件事，"对此非常兴奋，就像一只鸟妈妈面对它孵的第一个蛋"。这个比喻很有意思，除了字面上两件事的类似，更是一个暗示，鸟妈妈的蛋是生命的结晶，而人只有获得精神的发展才有生命真正的成长。九岁的贝茜，在这一刻才第一次对此有一点点体会。在蒙台梭利的理论大厦里，儿童的发展不是通过教师的教学取得的，而是在"工作"中实现的。"儿童通过练习和运动获得经验。他协调自己的运动，记录了他在跟外部世界接触时所体验到的情感。这一切有助于形成他的智慧。……是儿童自己在完善他自己的生活。"蒙台梭利说理念，费希尔讲故事，指向的都是成长的奥秘。

　　亨利姨公恰恰是一位高明的蒙氏教育法运用者，擅长蒙氏教育之道，轻轻交出缰绳，看似是自己忙着算账的无奈之举，却是悄悄置身于协助者一端，在适宜的环境下，催动贝茜自我的觉醒和进步。在贝茜终于有所领悟之后，亨利姨公给予了认可："是啊，没错，是这样的。"从这句很短的评论里，贝茜获得的巨大满足超过了以往任何时候任何话语。接着她又成功驱使老马迈开蹄子。"热血涌上了伊丽莎白·安喜悦的脸庞。……完全都靠她自己！她想出了办法，采取了行动！结果成功了！""激发生命，让生命自由发展，这是教育者的首要任务"，亨利姨公做到了。

　　书中这一章的标题为"贝茜抓住缰绳"，很显然，这既实指贝茜驾车，又意味着，当她遇到亨利姨公，或者说来到帕特尼农庄时，她抓住了这家人递给她的成长的缰绳。

三

　　在此之后，贝茜独自一人前往学校，学校各个年级在同一间教室里上课，贝茜上的课是"二年级算术、七年级阅读、三年级拼写"，老师告诉她："在学校不管上什么课,你都不属于任何年级。你就是你自己,不是吗?你在哪个年级又有什么要紧呢?"不得不说,即使在今天,这也是很先进的教育思想。至于"你就是你自己",这实际上是蒙台梭利儿童观念的核心——"人类的高贵来自于你就是你,你不是别人的复制品"。在学校里,老师给孩子们提供便利,营造合适的环境,这些都是蒙氏教育法的要领。

再往后,贝茜给一家人念《夜晚的马鹿》,在班上辅导组织缝纫社,帮助利亚斯,救出雪坑里的莫丽,这些都反映了蒙氏教育法在实际教育中的运用。这些运用或者一目了然,或者深藏不露,但揣摩故事情节,都能寻找到不少蛛丝马迹,就连阿比盖尔姨婆读的那本书——《爱默生散文》,也是小小的线索。毫无疑问,蒙台梭利对"人"的发现是受过爱默生影响的,她的著作中好几次出现过爱默生的名字。

经过一而再再而三的自我探索、自我学习、自我发现、自我构建,贝茜不断地自我发展,自主进步,一点点战胜了身上原有的种种不足,懂得了成长的责任,拥有了自己的人格力量,并且有担当,有智慧。直至故事高潮来临,贝茜与莫丽在集市上遇到了大麻烦,这时候贝茜冷静、镇定,分析问题,解决问题,最终靠劳动挣到车票钱,搭乘火车回家。这一壮举正好发生在贝茜生日那天,"这真是一个伟大的、历史性的重要时刻啊",标志着她再也不是当初那个体弱、胆怯的贝茜,她的体格与健康和以前完全两样了,她看到镜中的自己时大吃一惊,觉得和以前判若两人。经过这件事情,她更是获得了完全的儿童的成长,做到了如蒙台梭利所说的:

"他们不逃避做任何努力,相反是努力探索并满怀喜悦地靠自己的能力克服困难。"

换句话说,贝茜实现了她那天在班上突然觉悟到的:"上学是为了学习怎么读书、写字、计算和全面开发利用大脑,这样长大以后就能够照顾好自己。"你看,她不但照顾好了自己,还能够照顾好更多人。

四

多萝茜·费希尔慢条斯理地讲了一圈,的的确确让我们看到了一个小朋友在蒙氏教育里的典型发展,难怪会被称为"生动指南"。然而,我必须指出的是,以上分析,实际上是我作为读者的后见之明。《贝茜成长的奥秘》本来就是一个好故事,并非蒙氏教育法的传声筒,不能脸谱化地对应蒙氏教育观念并解读。像我开头所说的,它是一则好谜语,虽然谜底落在了书名中,但谜面本身还是很精彩的。

费希尔作为讲述者,向读者娓娓道来,这同样是极好的蒙氏教育:她只是引导与分享,她对故事里的人宽容又体贴,平淡的故事里时不时来个小幽默,立即多了很多可爱之处。比如,贝茜以为自己了解沥青路是怎么铺的,结果亨利姨公一追问,她张口结舌什么也说不出。谁都能看出其中的教育意义,在那种未与生命相连的教育里,孩子们以为"看到"了,其实什么都没有看到。故事里各个人物性格鲜明,特别是帕特尼一家三口,他们的说话方式就很有意思,激发了贝茜语言的觉醒。此外,人物之间的互动或冲突,也特别有趣。即便这本书看上去仿佛重现了蒙氏教育的学校与课堂现场,读来也毫无教条感。

《纽约时报》对这本书的一则评论值得一读:

独立自主、富有责任感、具备应对现实问题的能力,对正在成长中的孩子们来说,没有什么能比这些更重要的了。《贝茜成长的奥秘》告诉您一个生动、感人的故事:一个在溺爱中被宠坏了的、什么都不会做的、懵懂无知的孤儿在一个新的环境里变成了一个积极向上、有个性、有能力、独立自强的女孩儿,贝茜的变化是如此令人吃惊又是那么真实可信,她的转变启发您重新审视"教育"的含义。

故事就是故事，对"教育"的发现，实则是作者带给我的启发，无须因为这样的启发，而放掉这个故事里原本就存在的关爱、温暖、勇气和善良。

对了，不要忘记还有"幸福"。本书第一章，是弗朗西斯姨妈对贝茜事无巨细的照顾；最后一章，则是贝茜对弗朗西斯姨妈的理解。这个时候，你会发现，贝茜与姨妈已是两种不同的人，甚至可以说，在贝茜获得成长的这段日子里，姨妈并没有获得太多成长，而她当初看过很多育儿理论，参加过"妈妈俱乐部"……这样的对比，也在提醒所有大人，就像蒙台梭利所说的，大人仅有教育理论知识是不够的，还需要不断观察儿童，同时，最重要的是，大人自己要有精神上的准备，与儿童共同成长，不然，怎么能够让一家人的房间里"洋溢着某种美丽的东西……它的名字叫幸福"？

五

好吧，现在来看看蒙台梭利是如何推荐这本书的，她说：

所有父母和正在成长中的孩子都应该读一读《贝茜成长的奥秘》。它有助于促进父母和孩子之间的相互理解；它巧妙地告诉各位父母应该如何给孩子们营造自由的成长空间；也告诉孩子们怎样在生活中找到自我，找到快乐。

我觉得她说得真好，希望如她所期盼的，每位小读者都能在《贝茜成长的奥秘》里发现成长的奥秘，找到自我，找到快乐；每位大读者都能从中得到教育的启发，破译童年的秘密，和孩子一起抓住成长的缰绳，与他们一同成长。

看到所有梦想都开花

昨天读到专栏作家淡豹的一篇文章，文中有一段话："现在应该多一些真正的心理描写，不要去讲'境界'了，不要去'留给读者感受的空间却是无限'了，读者很有可能缺乏心灵能力与想象力到那无限空间中去感受。在教育缺位、满街语法不通内容低下的标语的时代，文学应该自觉成为人文教育的一部分，担负起培育心灵能力的任务。"

世界上就有这样的巧合，"文学应该自觉成为人文教育的一部分，担负起培育心灵能力的任务"，这句话简直就是为正在读的这本书而说的——这本书就是《废墟上的白鸽》，是著名儿童文学作家殷健灵新推出的一部力作。她以一场地震为背景，再次面对花季少女的内心与魂灵，在人生极端的困境里，对焦个人的身影，探讨个人的选择，寻求个人的成长。

《废墟上的白鸽》具有殷健灵作品一贯的深情与真挚；同时，由于特别的情境设置，青春、明亮的底色里又多了一些凄美与哀伤。故事里，两对母女，双线结构，盘旋曲折的人生由于一场灾难交汇在一起。主角白鸽生活在一个离异的单亲家庭里，母女俩关系并不融洽，她一直很羡慕同班好友双爱，父亲早逝的双爱得到了妈妈加倍的关爱。那一天，突如其来的地震让一切天翻地覆，小镇几乎被摧毁，生死关头，白鸽得以逃生，妈妈被洪水淹没。愧疚的白鸽怎么也不能原谅自己在最后时刻离开妈妈。带着惨痛的心结，白鸽找到了双爱妈妈。对着失去双爱的阿姨，她坦陈心声，帮助悲痛欲绝的阿姨重新鼓起活下去的勇气。

殷健灵称这"不是一个热烈的故事，是一个淡淡的、凄美的故事"。我喜欢她提到的这个"淡淡的"，她没什么了不得的身段，只是用力潜入白鸽的心灵深处，以文字透析一段青春、一种成长，为读者留下一份回味——

青春，是一段追寻

《废墟上的白鸽》有着天然的青春味道。

从小说第一节就开始了。"你什么时候真的关心过我！"白鸽口中喷出的一团火，将故事引出，将情节点燃。任何时候，青春总有一种冲动，总有一种叛逆，"它们化作小兽的细爪抓挠着她十四岁的心"。再往后，白鸽与妈妈冷战、冲撞，直到甩出那句决绝的话，"泪水夺眶而出"，"跨上自行车，骑得飞快"。在有速度感的文字里，少年人的青春扑面而来。

然而，如果青春只剩下速度，那样的青春就是单薄的。殷健灵笔下的青春，向来有着多维的面向与多彩的思绪——在她的心里，青春是一段追寻，是在黑暗里抽筋长大的艰难与荣光。看似叛逆的白鸽其实有着最为敏感的心，她对母亲的不满、对双爱的羡慕、生活中的期待和郁闷，实际上都是对自身处境的不断体会与领悟。关于这一点，殷健灵的描述真实细致，丝丝入扣，确实展现了少女隐秘的心理历程。

白鸽觉得，她与妈妈好像被人关在一个透明的瓶子里，既出不去，也进不来，两个人周围仿佛什么都没有，却能扎扎实实感到充塞了满满的别别扭扭的情绪。那种情绪看不见，但它是有重量和体积的，压得两个人都扭曲变形，憋屈到无法呼吸。

白鸽突然惊惧地意识到自己无法示人的另一种感情，它如同地底的暗流，凝滞而阴暗——那就是对双爱所得到的无私母爱的羡慕与嫉妒。她为自己产生这样隐秘的情绪而感到羞愧和自责，然而，却难以摆脱这种阴暗情绪的侵扰。于是，为了弥补内心的亏欠，她加倍地对双爱好。

　　这些年，随着时间推移，拉锯战双方的力量正在发生微妙的变化和转换，表面上，妈妈从绝对强势到消极防守、无为而治，白鸽却没有因此获得一丁点儿快感，她常常觉得，除了妈妈，她还有一个看不见的敌人——自己。

　　她的眼前晃动着昨日经历过的永恒而残忍的画面，心里翻腾着咀嚼过无数次的感觉：她与妈妈轻轻相触的手，她松开妈妈那一刻手心里的空虚，她用心看见的妈妈绝望而黯然的眼神……

　　白鸽一刻不停地叙说着，她为自己的话感到害羞和惊讶。长这么大，她还从来没有喋喋不休过，更从来没有这样将自己的内心袒露。……她对着双爱的妈妈诉说，对着断墙后无声无息的双爱诉说，也对着那个看不见的自己以及已经逝去了的妈妈诉说。

　　在无止境的追问与寻找之后，白鸽的内心终于有了坚定的确认——对母爱的确认、对生命的确认、对自我的确认。此刻，最动人的场景出现了，她为双爱妈妈念出了"小猪儿不哭，快快吃萝卜……"在那个"胜利"手势之后，白鸽朝着空中的直升机挥舞的双手，已是她最亮的青春华彩。在经历了如此巨大的人生变故之后，"天，快亮了"，"一滴在她的眼皮上驻留了很久的水珠，突然颤了一颤，滚落了下来，滴进她的嘴里。那滴水竟是清甜的"。

在殷健灵健朗、灵性的文字里，我们再一次看见了人的成长，白鸽也将成为她作品中又一个"最具体的个人"。作为多年书写男孩和女孩微妙心理的作家，殷健灵不折不扣是位教育家，因为"教育学就是迷恋他人成长的学问"（马克斯·范梅南语）。殷健灵始终迷恋少年的成长，并且，她看见了——

成长，要一个密码

殷健灵说她之前一部《天上的船》，"故事笼罩着爱与温情的光环，更多的是勇气、宽容、坚定与执着的力量。还有隐喻的使用，象征性的意象，以及故事的峰回路转"，这些主题、手法一样延续到了《废墟上的白鸽》里，白鸽、双爱，主人公的名字就足够引起读者对其人生的思考与追索：白鸽，自由而纯洁，终于挣脱心灵的枷锁，获得生命的质感；双爱，她拥有母亲、朋友双份的爱，也教朋友学会如何去爱，不幸遇难后，她身上那些美好的品质还能化为勇气与力量，鼓舞最亲密的家人与朋友。

不仅如此，故事里还有一个小细节，特别打动我。白鸽第一次走进双爱的家里时，双爱向她介绍自家情况，说到她与妈妈很要好时，补了一句："对了，我们俩之间还有密码。"

接着就念出了那首"乱七八糟地拼凑在一起"的儿歌，说任何时候，不管是她还是妈妈，"只要听到它，就啥事都没有了……"

我很感动，感动于这个密码的存在，感动于作家敏锐的观察，感动于作品细腻的情意。的确是这样，成长中的少年人，非常需要一个与大人约定的密码，这密码可以打开心灵的结，通往包容与理解，迎来欢乐与甜蜜。想来，所谓密码，就是孩子与大人的共同记忆，能够共同拥有并分享的时光，并且，这时光无论是苦还是甜，都是曾经一起走过的路。密码实则指向一个更加辽阔的生命旅程。

据说，本书的创作机缘来自 2015 年"东日本大地震"纪念活动中一个少女的演讲。当年，地震引发的海啸冲散了女孩一家，她发现妈妈被压在瓦砾之下，身受重伤。此时，又一波海水汹涌袭来。妈妈恳求她不要走，她对妈妈说了最后一句话——"谢谢，我爱你"，然后游走了。这个素材引起殷健灵的思考，她不断挖掘，完成了《废墟上的白鸽》的创作。

我查找到那个名叫菅原彩加的日本女孩的演讲。演讲距地震发生已四年，她说这是漫长的四年，她承受了太多无法承受的悲伤，想起家人就会哭泣。毫无疑问，游走那一刻，"是女孩人生中最黑暗的时刻，她的选择不能用简单的对与错来判断。她有着怎样的母女关系？人在极端情况下会如何选择？"殷健灵回溯到这一刻，生起深切的哀悯与同情，但更多的是理解与思辨。有一点我敢肯定，菅原彩加与家人也是有"密码"的，就算是与妈妈分手时的那一声"谢谢，我爱你"，可以看作道别，也可以看作她此后重生的心理基础，就像白鸽所觉悟的"在游向光明的生，也在游向没有尽头的黑暗绝境"。但可惜她与妈妈之间少了沟通，所以才在梦中不停地重现昔日种种，追悔莫及，直到别人一句"到你的家人身边去"，让她与双爱妈妈重逢。

震后重建中，菅原彩加目睹更多"不愿放弃的身姿"，终于领悟到，"唯有积极向前看，努力活着，才能报答全家人所带给我的一切。我将努力向前迈进，好好活着，这样才能在我的人生中，获得与在震灾中失去的相同的东西"。这正是《废墟上的白鸽》后半段，白鸽一直在努力做的事情，"她必须让双爱的妈妈清醒着，支撑着，直到希望来临的一刻"……事实上，那一刻几乎没有希望可言，书里有一句可怕的描写："雨又开始下了。苦涩的夜晚掀起无声的波浪。黑云驰过天空，漠无表情地注视着地震后满目疮痍的大地。"

大地的疮痍之下，实则是无数人心的破碎，如果没有"密码"，未来将如何缝补？唯一可庆幸的是，经历这一番大灾大难后，白鸽与双爱妈妈也有了共同的记忆，这会是她们彼此之间的"密码"，有了这个"密码"，白鸽心灵的复苏与成长，也是可预期的吧。至少，我们都能感受到，在这个故事里——

文字，有一种力量

一直以来，殷健灵的创作都有鲜明的特色，尤其是她作品中的语言、环境与风景的描写，空灵、唯美、温柔。有评论者认为，她所擅长的正是"节奏舒缓的散文化写作"。但读完《废墟上的白鸽》，你会发现，她在书写如地震这样的巨大灾难时，笔力也很雄健，让人读之胆寒。比如，我印象极深的，如地震瞬息而至，她写道：

在剧烈的晃动中，水库边的山头像爆裂一般，大片山体仿佛被无形的巨斧劈砍，大块大块往下掉。山体掉入水中，掀起滔天巨浪……那些人一个个落水，悄无声息地汇入滚滚洪流。

末日降临，不过如此，正是天地不仁，以万物为刍狗。在大自然的暴怒面前，生命原本就是可有可无的东西。"当惊惧超出了一定限度时，就变成了麻木和凝重"，对震后场景的描述，真实、可怕，谁都知道，在这些破碎的画面、炸裂的文字背后，是每个中国人共有的悲伤记忆，无比惨烈，目不忍睹。由此，更折射出白鸽时时处处的惶然与凄然，"喉咙里挤出一声低低的压抑而古怪的哽咽，好像于平静中点燃了一根埋伏在地下的引线，顷刻便引发了一长声尖利的哭号"，"她的胸中涌动着那个灼烧着的念头和对弱小的自己的愤怒：哪怕双手烂了，断了，也要把小女孩救出来"。这样的描写很多很多，逼真而透彻，冲击着读者的心灵。然而，就在这样的阴云惨雾中，殷健灵却又能极为敏感地浅浅荡开一笔，让人生出些许希望来。

恍惚中，她听见简易棚外传来一声鸟叫。……小小的，弱弱的，尖声尖气的，带着一点犹豫和试探。可是，刚叫了一声，便又无声无息了。

白鸽睁开了眼睛，静静地听着。

莲子也听见了，不禁泪花闪闪，她翻过身兴奋地对昏睡的妈妈说："妈，你听，还有鸟叫，没事了！"

想到《圣经》里白鸽为诺亚衔回的那根橄榄枝，在殷健灵的故事里，同样是由一声小小的鸟鸣，宣告了这世界还在，活着的人还活着。在绝境的尽头，还有个叫白鸽的小女孩，也在顽强地活着。

殷健灵的作品，《纸人》《1937·少年夏之秋：乱世少年的奇遇与梦想》《野芒坡》《天上的船》……向来如此，她的文字，都是有情之物，它所负载的深重情意，足够"担负起培育心灵能力的任务"，运载我们抵达光明的彼岸。

关于这本书，殷健灵说："我们长大以后，年少时那些不美好的记忆可能会被刻意遗忘。而我们忽略了，孩子的成长过程中，也会遇到同样的荆棘。有时候告诉孩子生活真实的那一面，他们反而能够承受更多。"《废墟上的白鸽》应该就是教人直面真实，也是教人承受的。书中有一个"惊异的景象"，初读时感到古怪，乃至滑稽，然而细细思量，却让人潸然泪下，忧伤而不绝望：震后街边，两个小伙子鼓捣出一个装置，一遍又一遍大声播放着音乐。

我终于看到所有梦想都开花 / 追逐的年轻歌声多嘹亮 / 我终于翱翔用心凝望不害怕 / 哪里会有风就飞多远吧

"守着装置的两个人，坐在断了半截的围墙上，呆呆地望着街景，不说话。"他们在想什么？他们将来会怎么样？如果此刻的他们就是我们，又会怎样？或者，我该对他们说什么？能帮他们做什么？

我觉得，如果这些问题可以回答，那么一定是读懂了《废墟上的白鸽》。我也相信，能读懂它的人，无论将来面临怎样的绝境，一定会"用心凝望不害怕"，只要努力活着，就能"看到所有梦想都开花"。

求得与儿童的共感

寒假里,五年级的女儿不下三次(质)问我,怎么放了假还有这么多作业……可见,不谈以刷题为重的初中生、高中生,即使是小学生,在当下的学习生活中,作业与他们终究如影随形,难舍难分。更可见,日本著名儿童文学作家、理论家古田足日先生写于20世纪60年代的《课外作业代写公司》是多么了不起,它借着从未过时的"作业"一事,穿越了时间的屏障,在半个世纪之后,仍然具有难得的阅读价值与思考意义。

古田足日是日本家喻户晓的儿童文学作家与理论家,其代表作有《一年级大个子二年级小个子》《鼹鼠原野的伙伴们》《壁橱里的冒险》等,《课外作业代写公司》最初以《前进!我们的海盗旗》为题,于1964年1月至1965年2月在杂志上连载,1966年以现名出版单行本,第二年即获日本儿童文学者协会奖。

"课外作业代写公司",顾名思义,就是代人完成课外作业的公司。这家公司是由武志、美枝等五个孩子共同成立的。由于偶然的原因,他们灵感突生,想到了一个挣钱的主意,"只要出十块钱,我们就帮你做作业"。所谓"代写",也不是全盘代劳,而是由公司做出作业答案,由同学抄写完成。至于为什么想到"挣钱",五个孩子当然各有心事,总之他们就以此为由头开展起业务来。经过活跃的业务员一番努力,真有不少生意上了门,故事也就从这里开始了。

推动故事发展的"课外作业代写公司",既是一条明线,又是一条暗线。实体公司只存在于故事第一章里,在第一章临近结束时,因为代写作业引发了一场风波，公司只有解散。在第二章与第三章里，公司已经不办了，但"代写作业"留下的思考还在，公司的几位成员继续追索，不断体验，不断讨论，尤其是在遇到三宫老师之后，由此多了一点一滴的发现。古田足日的高明之处或者说批判精神正在这里，作业只是个引子，随着作业这一浮于少年生活中的最常见的困惑，他深入辨析的是有关童年、教育、学习乃至生命、生活、现代化、人的权利等命题。就像评论家刘绪源先生评议《去年的树》那样，《课外作业代写公司》也是"浅到极点，而又无限地深"，极清浅，又极深刻。

说清浅，《课外作业代写公司》就是一部儿童小说，清新可喜。古田足日通过对孩子们的学校与家庭生活的描写，勾勒出他们成长的脚步。公司五位合伙人就是身边常见的小学生，他们性格鲜明，各有特长，也各有困扰，不同的家庭背景与生活难题，使得整个故事有了很大的张力，朴素而又厚实。此外，还有同班的吉田、光村、康平、柴田等，这些孩子都有自己的心愿与困境：家境贫寒的吉田早已定下目标——学好算盘，进入大和电机公司；光村闲事不问，只管学习，非要考上K中学不可；爱欺负人的康平其实内心善良，渴望认同……他们碰撞在一起，在共同的舞台上，上演着一幕幕平静而生动的剧本。这剧本并不因时间或地域的改变而褪色，现在的孩子不还是如此吗？相近的场面，共通的心理，类似的难题，未免都是一声叹息。还有三宫老师，他身上有着一位好老师所具有的独特光辉，他在课堂上提出真问题，激发学生思考，鼓励学生观察社会，让学生完成一些特殊的实践作业，在行动中看见学习与作业之外更广阔的世界，渐渐接触社会与人生的真意义，不再是仅仅困于作业的小学生，而终于有了"为什么做作业"的明确认识，有了坚定的人生方向，成了一个"社会人"，获得了真正的成长。

说深刻，《课外作业代写公司》又绝非儿童小说那么简单，其平实的外表下藏着复杂的灵魂。

身为日本早稻田大学童话会核心人物，古田足日所追求的是"以将社会作为变化发展的事物来把握这一认识为基础的创作方法"。所以，随着故事的发展，你会惊讶地发现，它所涉及的社会现象与事物越来越多，越来越复杂：不学习的棒球队员拿着高薪，从小刻苦的孩子长大后只能找到薪水很低的工作；过去、现在、未来生活的变迁；电脑的应用引发企业人员失业；工会为企业职工呼吁与争取权利。难以想象这些素材集中在一部儿童文学作品里，所以，有人将古田足日与其同仁的一批社会性极强的作品称为"社会主义现实主义宣言"，可见其内涵有多么宽广，对社会现实又有多么深刻的表现。放在今天，这部半世纪前的作品对读者思考儿童文学的内涵与外延仍有拓展之力。关于这一点，日本童话家寺村辉夫的一段话相当贴切，他说的是童话，可拿来说《课外作业代写公司》也很合适。

童话是儿童的反抗文学。本来文学这东西就是打破体制，揭露体制给人生带来的恶，并预见理想人生的。……童话必须追求的正是儿童的自我中心主义，并挖掘从中产生的价值观，和儿童一起去思考、解决、共鸣、感动。……童话作家不是把儿童教导、引入成人世界的指导者。童话作家必须是一边与儿童共感，一边与儿童反抗体制的"同案犯"。

"共感"一词特别棒，与其说古田足日创作出了《课外作业代写公司》里的各个孩子，不如说他将自己化身在书中，将自己观察到的童话、教育与社会，借着孩子们的嘴巴与心灵表达出来：到底为什么要做作业？这个世界比起过去，到底是不是更加野蛮了？学习到底是为了什么？对这些问题的回应化在故事里，产生了"宣言"般的力量，至今光彩熠熠。这也从另一个侧面证明了《课外作业代写公司》

的成功。正是古田足日做到了儿童与成人的一体,他表现的儿童的世界是从成人对自身现在的生活的反省中产生的。

《课外作业代写公司》在构思与写作上也很有特色,第二章采用了故事套故事的结构。《花忍者》这个故事非常精彩,放在整本书里,对唯分是论的教育体制的揭露和批判,有很强的针对性和象征性。此外,这一章还采用了童话《过家家的痕迹》,一些小学生的作文包含了很多发自天然的柔软瞬间。当柔软与坚硬并置时,这些材料构成不同的声部,从不同的角度探究不同时代儿童的心灵与生活,反衬出应试教育体制对孩子心灵的摧残,正如三郎所悟到的:"每天不是去辅导班,就是忙着做作业、考试,外面的世界就是地狱。渐渐地,地狱来到了我心里。我的心变成了地狱!"

——痛彻心扉的现实无比直白地袒露在读者眼前,既触目惊心,又让我们感同身受,愈发激起大家对应试教育体制的思索与抗拒。凯斯特纳说:"就算发明了超音速飞机,四季和作业也永远不会消失。"这样一种教育,所损耗的岂止某一批孩子的身体与光阴?它是对一代代孩子童年生态的破坏,使得很多孩子或主动或被迫远离童年、失去童年,这才是最可怕的。故事里,"课外作业代写公司"最后变成了"争取取消考试、作业工会",从"代写"到"取消",不无幽默,但至少在这个故事里,儿童对生命、对人性有了重新发现。"未来,是人们创造出来的",这样的儿童可以创造怎样的未来,值得期待。

说回现在。如今我们孩子的教育比之武志他们,是更好了,还是……?也许,无法进行平行比较。不过,当时吉广他们就要完成"日本进口石油国家调查"这样的作业,这倒令人觉得那时的日本教育,已有其出色之处。关键不是比较,而是理解,对儿童、教育以及活着的意义,读者从《课外作业代写公司》中到底能获得怎样的理解,理解之后又能有怎样的行动,这才是最应该计较的。著名绘本作家五味太郎有本书,书名特别好,叫《孩子没问题 大人有问题》。

你看，问题从来都在大人身上。所以，读完《课外作业代写公司》，我想了又想，发现我最大的收获、最想告诉所有大人的，还是五味先生所说的那一句：

重要的是，大人需要思考：为了让孩子更加充实地生活下去，需要给予孩子多少支持。或者可以这样说，怎样才能减少因大人的存在而给孩子带来的危害。

了解到大人往往就是"体制"本身，从反抗自身做起，这不就是最好的"共感"吗？

通往成长的道路绝非坦途

初识常新港先生,是在小说《独船》里,至今难忘它独特的氛围与美感。后来,在另一处读到他一句特意的表达,就记住了,他说:"有一点我要说出来,每当独自一人写作时,话特多。因为在那个沉静的时刻,我很自由。自由真的是美好啊!"

这让我想起了自己的写作,在沉静的时刻很自由,更重要的是,我觉得,一个对自由如此珍视、如此推崇的儿童文学作家,才真正可能走进孩子的内心。这句话恰恰袒露了常先生的内心,也隐约告诉读者,他为儿童写作的密码,就是自由。

已经很久没读常先生的作品了,直到最近遇见他略带奇幻的成长小说新作《尼克代表我》。读完之后,我知道我是对的,完完全全,常先生循着自由的路径,走进了孩子的内心。

要说自由,其实在故事里,比比皆是不自由。本书简介是这样写的:

吴小小是名普通的小学生,迷迷糊糊总被妈妈揍,可他心里有个梦想——找到会说话的小狗尼克。在寻找尼克的过程中,小小逐渐察觉到尼克背后的故事,然而父母的不理解和老师深藏的秘密阻碍着他靠近真相。小小的梦想和大大的现实交织碰撞,成长的烦恼、现实的困惑接踵而至,小小能不能守住自己的坚持呢?尼克来了,可是它为什么非要离去?它身上肩负着怎样的使命?这一切,是小小不曾面对的成长考验⋯⋯

虽然看不出具体情节,但一些关键词已在那里:梦想与现实,追寻与碰壁，坚持与阻碍，挣脱与束缚，成长与考验。自由，没那么唾手可得。在《尼克代表我》里，常新港直面现实，不无夸张地书写孩子们的不自由。这鲜明地体现在精神与身体两方面。

精神上，孩子们受到家长无微不至的"关照"，这种"关照"有时显得那么愚蠢和滑稽。吴小小看到电视节目里的小企鹅孤零零地寻找家人，情不自禁流下了眼泪。妈妈看到后不是关心孩子的内心，而是说不要再看了，因为没有好心情没法做作业。爸爸倒是关心，但他的关心是"重新打开电视，开始认真地看起来，想知道企鹅和我之间的事情"。还有一次，吴小小被老师表扬了，爸爸首先推断他将零花钱当成捡来的钱上交，待听清事实后给儿子夹了一块肉表示奖赏，很快爸爸又回过神来："这么说，你今天注意听讲就受到了表扬，那你过去上课时，一直没认真听讲了？"

估计不管是谁阅读《尼克代表我》，都会关注到这样一个事实：缺少关注、缺乏沟通、缺失信任，成长中的孩子就和那只小企鹅一样孤独无助，蹒跚着上了路，即使和父母生活在一起，也没有亲子间的融洽与温暖，有的只是弃儿般的怀疑和抗拒。

另外，还有身体的不自由。最显著的是，故事里几位家长都没有这个时代所应有的开明与智慧，挨揍是吴小小与他的好朋友宇航的家常便饭。揍正是通向身体的，以致吴小小发出了难解的"天问"："我想搞明白的一件事情，是我们这些男孩子，大多都有被大人揍的经历，就像我们天天要去卫生间拉屎撒尿一样，再正常不过，难道大人打孩子很过瘾吗？"

还有家长的看管与约束，孩子们"总像是家庭中的犯人？上小学时，妈妈是监狱长；到了中学，妈妈有点儿管不了男孩子了，爸爸就成为监狱长"。全书的转折是吴小小与尼克的"九点之约"，这个爆发冲突的情节，在书里特别重要，它回应了故事开始时吴小小的觉悟，他们家孕育的那个"怪胎"终于跳出来，跳出来的直接结果就是，吴小小的耳朵选择性失聪了。失聪，同样是身体的一种不自由，不能自由使用自己的耳朵。家长拼命压制与管束，现在他们终于得到他们想要的了。

　　常新港不虚掩，不矫饰，以现实主义姿态立于生活现场，以犀利、精准的笔触为读者勾勒出当下教育生态的不理性、不公正、不温暖、不宽容，这些合在一起，就是身在其中的孩子们的不自由。直到这一切到达一个极点，终于有了反弹，或者说，这根本就是孩子们唯一可能的绝地反击。吴小小"选择性失聪"后，尼克终于与他相遇，作为故事的隐藏主角，尼克正式登场，与吴小小不断交流，加上爸爸、妈妈态度转变，吴小小的内心获得平衡，获得尊严，获得"自由"。尼克，是一条狗；尼克，就是成长中的无数孩子内心真正的自我吧？故事的最后，吴小小用他的演讲向我们透露了这个秘密："它叫尼克。它的所有行为，都可以代表我！"在获得真正的爱之前，孩子们永远和尼克一样，只是"会说话的流浪狗"。常新港的这个命题大胆、直白、深刻、敏锐，其间所蕴藏的对孩子们的理解和尊重，让《尼克代表我》成了一本书写不自由的自由书，推动故事发展的就是孩子内心对自由的渴望，其真实、率性，令人赞叹。

　　不知道常先生为这部作品做过多少功课，至少有两点，确实反映了他对少年心理的洞彻和把握。一是孩子们对尼克这只狗的向往和寻找。日本思想家鹤见俊辅与小学生座谈时，小学生告诉他平常最开心的事情是和动物在一起，于是他得出一个结论："与其希望人与人之间的关系不再糟糕，亲近动物、植物及风景，似乎是一个更值得依靠的方法。"从吴小小，还有宇航身上，同样能看到这个让大人为之羞愧的结论，他们已经失去了孩子，他们深深伤了孩子的心。孩子们反而在对那只想象中能开口说话——为什么非要能说话，就是因为身边没人愿意听他们说话——的动物的追寻中获得了更多成长。两人转卖自己心爱的玩具和漫画筹款，一起找"老男孩修表店"——这个店名似乎是在暗示什么。说到底，对尼克的追寻，正是男孩们鼓起勇气对自我的寻找，是内心成长的确认。他们试着想方设法承受压力，信守诺言，履行约定。本来，这段成长可以有大人的陪伴与帮助，可是，由于大人的自私和无视，他们只有独自上路，默默承担起更多看不见的痛苦。所以，他们才会在动物身上倾注更多的热情。然而，再想一想，如果不是倾注在动物身上，而是倾注在别的什么地方，比如故事里的田哥，这才是真正让人忧虑也恐惧的吧。

第二点更明显，就是吴小小患上了"选择性失聪"。这个貌似不可能的情节——没有完全失去听力，只是自动屏蔽了爸爸、妈妈的声音，有着极其深刻的内在合理性，孩子再也受不了他们的那些训斥、唠叨、埋怨、咒骂，于是关闭了听觉器官。事实上，对这些古怪的成长期疾病，日本心理学家河合隼雄先生有透彻的观察，用他的话说，其最大的意义就是"使外在的活动停止，让我们注意到内在世界的存在，促进内心的成熟"，这是"必要的闭门不出"，从广义上来说也许是一种"非常健康"的反应。毫无疑问，《尼克代表我》的故事在这里开始转折，大人尝试理解，孩子渐渐复苏，慢慢接纳大人，接纳自己，他心里的那块冰也终于融化了，恢复了对爸爸、妈妈的听力。有意思的是，在这一部分，我从那位专家程奶身上仿佛看见了河合先生的影子，她的那番话是多么浅显，又是多么深邃。

孩子的器官是向世界张开的，完全没有防御的。当这个世界的某种物体给孩子带来危险时，它们就会像万物保护自己一样，关闭通向外界的所有通道。……他能听见世界上所有的声音，唯独听不见自己父母的声音！不可悲，不可怕吗？……

也正是因为有与程奶一样的困惑和激愤，常新港让一只流浪狗变成了一个男孩成长的导师，让读者在小说中感同身受，看见孩子的内心和成长。是的,"看见",文学的意义与价值正在这里,让看不见的被看见,让成长清晰地显现在每个人面前。毫无疑问,故事里从大人到小孩,包括那位陆老师,都获得了成长。在某种意义上,真正的成长,并不决然指向一种进步与成功,它正是对童年的回望、对天真的复归,是还能够记得自己曾经也是个孩子,就像陆老师告诉小小一个人,她把"爱豆"丢了,"我觉得陆老师在那一刻变得真实,变得需要我这样一个男生来保护她"。成长,就是能够接受自己与他人的有限性,大人对小孩如此,小孩对大人同样如此。故事的最后,尼克离开吴小小去了另一个城市,它得到消息——有个女孩需要它的帮助。或许,这是作家为故事留下的"光明的尾巴"。不过,如果像吴小小爸爸以前那样,倒推着想一想,真的难以想象,这个世界上,需要尼克帮助的孩子到底会有多少,或者说,正被大人忽视、伤害的孩子到底会有多少!

通向成长的道路绝非坦途,大人必须呵护孩子内心的宇宙。河合隼雄先生在书里写道:

> 孩子们存在于这个宇宙之中,这一点大家都知道。但是,是不是每个人都知道,在每个孩子的内心,都存在一个宇宙呢?它以无限的广度和深度而存在着。大人们往往被孩子小小的外形所蒙蔽,忘却了这一广阔的宇宙。大人们急于让小小的孩子长大,以至于歪曲了孩子内心广阔的宇宙,甚至把它破坏得无法复原。……我忽然想到,所谓长大成人,也许就是将孩子们所拥有的如此精彩的宇宙存在逐渐忘却的过程。这样一来,人生似乎有点太凄凉了。(《孩子的宇宙》前言)

我想,常新港用力写下《尼克代表我》这个故事,为的就是让孩子们的人生不要那么凄凉。至少,当大人听到"我和宇航心里有个世界,那个世界只有一只叫尼克的流浪狗"这句话时,能够明白这是孩子内心最深切的吁求,尼克不是别人,尼克就代表他自己。

善良、理解与闪闪发光的发现

去年秋天，在小区里遇到一只无人看管的小狗，身子瘦瘦长长，小小的尾巴缀在后面，几次见着总是在树丛里。女儿问："是不是小狗的家在里面？"我说："估计是它感觉那里比较安全，就待在那里。""那它有家吗？"女儿接着问。"嗯？"我往树丛里看，没答上来。以后没再见过小狗，事情就这样过去了。对我们两人来说，这个世界不会因为多一只或少一只小狗而有什么不同。而对一位优秀的作家来说，一只小狗也是一个世界，在这个世界里，一样会有喜怒哀乐和悲欢离合。读完赵丽宏先生的《黑木头》一书，我不禁如此想，乃至想回到去年那个秋天，再看看那条瘦瘦的小狗，看看它究竟有没有家。

《黑木头》是著名作家赵丽宏的儿童文学新作。"黑木头"，这土土的三个字是一只被遗弃的小鹿犬的名字。一次偶然的相遇，这只小鹿犬得到了爱狗的童童和妈妈的关注与帮助，童童一直想收养黑木头，机灵又倔强的黑木头则一直躲藏回避，与关心它的人对峙周旋。冬去春来，花落花开，一天本来非常不喜欢狗的童童外婆决定与他们一起去看黑木头，没想到，黑木头好像认识外婆，一见到她就很亲热。这之后，经过一番波折，外婆把它带回家，给了它一段新生活。

没有海阔天空的奇观，没有故弄玄虚的噱头，《黑木头》清浅、朴素的情节，仿佛生活里的一道细流，轻轻流过每位读者的心田，缓缓地，又暖暖地，让人为黑木头的命运所吸引。我想知道，是什么让我如此牵挂这只不声不响的黑木头，又是什么让我难忘这个平实无奇的故事？在书里，我读到了什么，收获了什么？

我当然读到了这只名叫"黑木头"的小鹿犬的故事。这个"小小的沉默的黑色幽灵"，在故事开始的时候登场，围绕着它，作者既写了被遗弃的宠物狗的艰难生活，也写了很多好心人对它的关注和帮助。比如，童童和妈妈一直想收养它，黑木头却始终不从，然而，他们仍然每天都来看它并且带来狗粮。

有意思的是，仔细阅读，读者就会发现书中对黑木头的描述，全部是通过人的眼睛来完成的。无论是它的身影和行动，还是它的前世与当下，作者很少单独写黑木头，总是有童童与其家人或者其他什么人在场，黑木头常处在被看到、被发现、被追逐的状态中。比如故事开头，在回家的路上，"童童和妈妈差不多同时看到……"，他们把几块酱鸭肉搁下，"过了一会儿，只见那条小黑狗从阴影里走了出来……"有一回在往幼儿园的路上，"童童突然发现，有一条黑色的小狗……"等到童童上了一年级，他和同学葛笑笑在校园里寻找，"童童顺着葛笑笑手指的方向看去……只见一条小黑狗蹲在草丛中……"

不知道这是不是作者有意为之，总之这让我很感动，感动于作者的敏锐与慈悲。在人的眼睛里的黑木头的故事，可以提醒所有大人和小孩，在都市钢筋水泥的丛林里，黑木头这样的宠物——绝不只是它一个——终究活在人的视野、人的世界里，人——绝不仅是主人一个——对它们的影响太大，生杀予夺，对它们想怎样就怎样。黑木头最早是老太太收养的，受到了很好的照顾，老太太还会带它到宠物店去给它做护理；后来被麻将馆老板收留，命运逆转，经常挨饿挨打，逃出去成了流浪狗；直到后来众人相助，好心的白医生坚持救治，侥幸挽回一条生命。

是的，生命，弱小的黑木头胸腔里跳动的，同样是一颗热热的心，没有谁有资格轻易剥夺它活下去的权利。那么，当它来到人的身边时，人该如何对待它，与它相处？作者悄悄地向我们提出了这个严肃的问题。并且，他还做了一点小小的回答，就在《换位思考》一节里。所谓"换位思考"，说到底是同理心，"己所不欲，勿施于人"。对陪伴我们的小生灵来说，这就是最大的保护与善意了。在麻醉枪没能打倒黑木头之后，童童有了领悟，心想白医生的话有道理："假如我是黑木头，我愿意不愿意被人领回家呢？答案好像也一样，不愿意。"存着一颗好心，屡次想帮助这只流浪狗，最终学会试着去理解这个"独行侠"的心，童童明白了什么才是生命里真正的善良。说到善良，除了中年夫妇介绍里的麻将馆老板之外，故事里的所有人都很善良，对黑木头，他们都有同情与关心。这大概也是黑木头流浪好几年还活着的原因。善良是一种美德，《黑木头》带给读者的就是一种美德。

很显然，《黑木头》并不是一般意义上的动物小说，单从黑木头的出现总是借助人的视线，童童一家人与它之间发生了那么多故事来看，与其说黑木头是故事的主人公，倒不如说童童一家人才是真正的主角。所以，我还读到了这部作品不只是讲作为一只狗的黑木头的经历，更独特的是它借着一只小狗的悲欢，讲了一个关于理解、关于爱的亲情故事。

故事开始的时候，外婆对小狗的态度很不友好，称米尼是"狗东西"。有两次她直接表达了不满，一次是质问"狗重要，还是人重要"，还有一次是自言自语说要"变成一条狗"，那样就有人陪她，和她说话。尽管如此，她还是坚持一个人住，不肯和童童他们住在一起。细心的爸爸嘱咐童童，以后每晚打电话陪外婆说说话。事实上，从人物性格，从情节发展，从全书框架来看，作者笔下的黑木头与外婆都有很多相通之处，简直互为镜像。而到了故事尾声，黑木头是在外婆那里找到了归宿；之后，它用自己的命救了外婆；再之后，外婆搬到童童家一起住，正是黑木头留给世界的最后的圆满。

可以说，黑木头是这个故事最重要的线索，与它在一起的时光，成了亲情的催化剂。由于它的出现，一家人对生活有了新的看法，对亲情有了更多期盼。从这个角度来看，《黑木头》不是《佛兰德斯的狗》《白比姆黑耳朵》，不是《灵犬莱茜》《忠犬八公》，赵丽宏先生自有机杼，他写了狗的生命，更写了亲人间的深情；写了狗的灵性，更写了所有人的善意。黑木头又何止救了外婆的命？它是用自己的生命带给外婆启迪，促使她与生活和解，珍惜与家人在一起的每一天。作者说这个故事可以让"现代人思索生命的意义"，或许正基于此。

还有吗？有的。我跳出故事，从另一个方面来谈一点，这是我在书里读到的一个与"发现"有关的创作故事。

在《后记：另一个结尾》里，赵丽宏先生谈了这本书的创作经过。在现实生活中，他确实遇到了和黑木头命运相似的一条小狗，这条小狗给了他灵感与写作动力。我遇到了那只小狗，怎么就没有写出一部小说？赵先生用他的《黑木头》再一次告诉每个人，尤其是阅读故事的小朋友，生活是创作永恒的源头，只有回到生活中，像他那样不断去观察、交流、思考、体验，才终于将"一个既让人惊奇又让人心疼的谜"写成属于自己的《黑木头》。作家陆文夫说过："作家是靠两条腿走路的：一条是生活，一条是对生活的理解。"故事为何动人？因为有作家的真生命、真生活、真性情。别的不说，单从赵先生几处描写季节轮转的文字，就能感受到他是一位生活家。试摘一二。

金黄的梧桐叶在天上飞着，飘飘悠悠地往下落。早晨起来，只见满地的落叶。树叶的颜色丰富多彩，金黄、暗绿、浅褐、深红，人行道上，就像铺了一条彩色的大地毯。

春天，是在不知不觉中到来的。春天的脚步，在树枝的嫩叶上，在天上的鸟鸣中，在从泥土里钻出来的绿草尖尖上。城市的每一个角落，都能找到春天的脚印。

赵丽宏先生在书里还用了诗人的构思，提升了生活，艺术化地表达了人间的真善美。你看，危险时刻，黑木头用尽生命仅有的气力报信。那一段几乎复制了爸爸曾讲给童童听的狗故事，是一出现代版忠狗传奇，自然令人难忘。而且，现实中的小狗活着，作者则让黑木头死去，因为"不完美的结局中，也会孕育新的希望"，这同样触动人心。话说回来，故事里的黑木头也没死去，它会活在书里，活在每个读它的人的心里，这是最可安慰的。

还是回到"发现"吧。其实，这本书的开头一节，我最为喜欢。"天一黑，大地就开始闪闪发光。"谁都清楚，这闪闪发光的不仅是大地，更是看着大地的作家的那双眼睛，是作家领着我们走入那就像透明、闪亮的水晶山的大楼，看到大楼里人们的生活、世间的悲欢。创作，就是一种发现。忽然记起很久以前读到的别林斯基的一段话，想来，赵丽宏先生正是在以他的无尽的发现，做着这样的工作。

写吧，为孩子们写吧，可要写得连大人也很高兴念你们的书，一面念，一面被轻松的想象带回自己童年时代的光明年月里去……最主要的，是尽量少写点箴言、训诫、议论……孩子们希望把你们当作朋友……要求你给他快乐而不是沉闷，给他故事而不是说教……

我相信，赵先生会为孩子们写出更多好书的，他必定还会有更多更多的发现；我也希望，小朋友们能够在他闪闪发光的眼睛引领下，从《黑木头》开始，对生活拥有更多自己的发现，从此，属于你的世界，也必定会闪闪发光。

美味甜点里的大历史

望文生义，起初，我以为绘本《甜点，真好吃》讲的就是关于美食、关于甜点的故事，好像电影《料理鼠王》《美味情缘》《浓情朱古力》那样。读完发现，并不是这样，甚至作者都没讲什么故事，只写了四个家庭，身处不同的时代，做着同一道甜点。

据作者介绍，这道甜点也叫"水果鲜奶油"，原名是"水果傻瓜"，是一道相当古老的甜点，可以追溯到公元16世纪。"傻瓜"一词可能源自法文，有"压破"或"挤压"的意思，所以原名中"傻"完全没有笨蛋的意思，而是指"用力压碎"。"水果傻瓜"可以用任何水果制作，不过传统上大多使用制作塔类甜点的树莓、醋栗、黑莓或大黄来制作。

文字作者与图画绘者细细还原了这几个家庭制作与享用"水果傻瓜"的过程和场景。从1710年到2010年，年代不同，材料不变，步骤相似，发生变化的是制作条件、制作工具等。对这几个场景，作者的叙述节奏完全相同，首先两幅是材料准备，接着两幅是奶油打发，下面两幅是制作甜点，最后两幅是全家享用。这样一种重复与细描，仿佛让人不断经历与画中一家人共同享用，再与小朋友一起将大碗舔净，甜点的香甜、冰爽一同进肚子，由衷生发出"甜点，真好吃"的感叹。当然，对绘画并不了解的我，也特别喜欢故事里的每一幅画面，从护封、封面、环衬开始，画面精美，线条柔和，笔触细腻，每一幅画都能直接拿来作为装饰画上墙。

那么，就到此为止？好吃的仅仅是这道甜点吗？这时候，本书封底出自《波士顿环球报》的一句评论吸引了我。

灵感在美味中被激发出来，堪称儿童历史绘本之翘楚。

"儿童历史绘本"？原来，这本书指向的不是故事、情节，而是历史，在如此跨度之下，作者以甜点为视角，给出了一段历史的书写。从这里走进去，我又一次重读本书，这才发现，原来在这道"好吃的甜点"里面，那些看似寻常的画面深处，藏着作者细密的心思，作者借着四百年的时代变迁，回望了一段日常却又宏大的人类进步史。

之所以说是"人类进步史"，是因为这一目了然，最易发觉。从扉页上就能看到，一丛丛黑莓灌木围绕着的，是从1710年到2010年四个家庭的房子。历经四百年，这些房子的外观——结构、样式、形态、位置发生了极大的变化；随着房子一起变化的，还有我们看不见却能够体会到的，如房子的构成材料、人群的组织形态、人类的审美观念、房子里的各种生活用具、居住在房子里的人的家庭关系……这么一想，就有意思了。此时，再进入故事，看这四个年代，四个家庭，一切都不一样了。

制作这道甜点最基础的材料就是黑莓与奶油。1710年，奶油是家庭自制的；黑莓是野生的，自己采摘。1810年，奶油来自牧场，黑莓来自种植园。1910年，奶油已经由牛奶公司提供，"经过高温杀菌"，"装在漂亮的玻璃瓶里"；黑莓在集市上购买，"装在一个个木盒里"。2010年，奶油与黑莓全部购买自超级市场，黑莓纸盒包装，奶油品质更好。

在甜点制作中，这两样基础材料都需要加工——奶油打发，黑莓榨汁。从1710年到2010年，奶油打发的工具从细树枝搅拌棒变成金属搅拌棒，再变成旋转式搅拌器，最后变成电动搅拌器；黑莓的制作同样如此，1710年是手工挤压，到2010年就交给了食物料理机。由此带来的，是人工的解放和制作时间的大幅减少。

黑莓和奶油搅拌好之后，需要低温凝固，这也有一目了然的变化或者说进步。1710年是走一段路送到山坡边的冰窖里，一百年之后是放到地下室的木箱里，再一百年之后有了木制的冰箱，到2010年就是我们今天很熟悉的电冰箱了。

从这样的视角来读《甜点，真好吃》，就会不断有发现和惊喜，哪怕只是搅拌奶油和黑莓的勺子，到2010年也变成了更方便、更适用的橡皮刮刀。仅从这一点就不能不说，两位作者的思维缜密、敏锐。很显然，她们查找资料的功夫下得很足，还有，她们肯定都是厨房能手，肯定亲手实践过一番。

这还只是从几种材料着眼发现的，如果对画面中所透露出的各类信息做归并与对比，就更让人大开眼界。说到这里，我不禁想起了作家比尔·布莱森那本精彩绝伦的《趣味生活简史》。他在居家生活演变的过程中发现了"历史的归宿"，这偶然的一次发现，使他不无惊讶地写道：

住宅是个极其复杂的博物馆。我发现，无论世界上发生了什么——不管人们发现了什么，创造了什么，或激烈争夺了什么——最终都以这种或那种方式落实到你的家里，这大大出乎我的意料。战争、饥荒、工业革命、启蒙运动等，它们都在你的沙发里和五斗橱里，在你窗帘的皱褶里，在你松软的枕头里，在你家墙上的油漆里，在你家的自来水里。因此，家庭生活的历史，不仅是床、沙发和厨房炉灶的历史，就像我起初无知地以为的那样，而且是坏血病和鸟粪的历史、埃菲尔铁塔的历史、臭虫的历史、盗尸的历史，一切其他已经发生过的事的历史。住宅不是躲避历史的避难所，它们是历史的最终归宿。

那么，在《甜点，真好吃》里，大概也可以有这样的寻找与确认，你觉得可能还会有怎样的历史的印迹？

首先看到的，是四种家庭生活透露出的历史本身的发展与变迁。从 1710 年到 2010 年，从大英帝国到美利坚合众国，从农业社会到信息时代，从乡村到城市，从自耕农到国家融合，分明就是一部小小的关于这三百多年的"西方人类简史"。它鲜活，生动，历历在目，更涉及女性家庭地位的变迁、蓄奴制等很敏感的大话题。其次，从小的方面看，农业形态的转变、城市生活的兴起、家居风格的区别、货币物价的变化、现代物流的产生、网络信息的运用、环保理念的传播，都隐藏在画里画外。看护封底图，四个年代，盛放甜点的大碗烧制风格与装饰纹路都有鲜明的区别。在比尔·布莱森看来，这大概又会是一部陶瓷器具趣味史。与此相应，人物的衣着打扮各有年代感，寥寥几页，是绵延三百多年的服饰文化。绘者有很多解释，她去过不少博物馆，了解 18 世纪的面料图案；她列了长长的问题清单，从奴隶脚上的鞋子到 19 世纪的餐桌，就连贯穿故事始终的黑莓灌木，也是用了 1800 年代植物学家的绘图法。

读完故事之后，我还想弄明白一个问题：这四个年份是不是都有特别的寓意？它们之间是不是又有什么隐秘的联系？可是，完全找不到线索，估计它们只是四个世纪中的某一次特写，至于年份本身并不重要。直到第三、第四遍阅读时，才发现了一个小扣子：在享用晚餐的跨页上，前三幅家庭的装饰里都有一匹小黑马，第四个家庭也有小黑马，不过是在晚餐前一页的图中的柜子上，小黑马的形体有细微差异，最大的不同在于摆放方向，有的是望向图画左侧，有的是望向右侧。这里面难道还有什么秘密？从这个小扣子出发，我查到了一些资料，再来琢磨墙上的装饰品，渐渐才明白，正如中国古人所言"老马识途"，这匹小黑马是整个故事隐含的历史脉络的承载者，是一位历史的向导，它所指引的居然是美国的建国史，其中蕴含着多个重大历史时期与事件。

第一个家庭中的小黑马，朝向左侧，越过那几样饰品，是墙上的一幅画，在字母与数字下方，有一行小字——"愿您的光明驱除我心中的蒙昧"。这是约翰·弥尔顿《失乐园》中的诗句。所以，这句话放在字母与数字之下，有以知识开启心智之寓。更重要的是，1710年时的北美大陆还是英国殖民地，美国还未立国，因此，有着强烈的反抗精神和自由呐喊的弥尔顿的《失乐园》，实际上鼓舞了很多清教徒勇于追求，挣脱封建王权的束缚。从莱姆小镇上这户家庭已经能够预想到日后的历史大势。

1810年的这户家庭生活在南卡罗来纳州，这个选择恰恰来源于史实。南卡罗来纳州是美国历史上著名的棉花、烟草和甘蔗等农作物的主要产地，形成了许多大种植园。为了降低成本，种植园主们选择了使用奴隶。书里的这户人家正是如此。小黑马呢，它仍是左向而立，看向对面墙上的一幅画像。这是谁？想必有人已经猜到，这个了不起的人物正是美国国父乔治·华盛顿。华盛顿对美国和美国人的意义，无须多言。但历史往往有出人意料之处，这户人家墙上挂着华盛顿的画像，显然是对国父有着无比的尊崇，自然会认同华盛顿国家统一的理念。而五十多年后，南卡罗来纳州与其他蓄奴州一起宣布独立，脱离联邦，由此引发了南北战争。换照时间线，画中的孩子们此时应该长大，也许已是州政府领导或中坚，不知道当时他们是如何抉择的。有意思的是，仔细看这幅图，我觉得，从画面正中小女孩的眼神中，读者大概已经知道了答案。这幅图里，那个小黑奴在做的事情，我还是问了远在加拿大的朋友才理解，原来他是在拉梁上的风扇扇风。

在第三个家庭，小黑马右向而立，朝着一幅画，画上是一座放射光明的灯塔。没错，这就是矗立在波士顿港口附近的波士顿灯塔。这是美国第一座灯塔，由英国殖民者于1716年建立。1775年，波士顿人民打响了独立战争第一枪，灯塔于次年被英军炸毁，后来重建。如今，波士顿灯塔已成为美国宣示主权的象征。另外，波士顿本身就是美国最古老、最有文化价值的城市。"五月花号"1620年抵达北美马萨诸塞州，1630年波士顿市创建，到1910年波士顿已经发展成为相当繁荣的城市。很多人知晓的、无数学子倾心向往的哈佛大学就在波士顿。灯塔放射出来的，看来不只是独立之光，还有真理之光。其实，墙上左侧的这幅画也非常值得一说，画上那艘乘风破浪的三桅帆船，应该是历史上最重要的一艘帆船了，它就是鼎鼎大名的"五月花号"。《五月花号公约》是美国国家诞生的基础与起点。这些小细节所容纳的历史感，令人叹为观止。我只能懊恼自己见识浅，肯定还有很多信息被遗漏了。

来到21世纪，来到加州圣迭戈市，这匹小黑马又在提醒我们什么？它朝着画面左方，那里是冰箱，还有刚刚进门的朋友一家。我自己揣摩，小黑马想说的是这个时代的多元和丰富。冰箱打开着，里面收纳的食物、食材丰富多彩。很有可能，这些食物来自世界的每一个角落。再看朋友一家，你会发现，妈妈是黑人，爸爸是白人。再到晚餐现场，这一大桌子客人，肯定来自不同的国家，有几位有着明显的亚裔面孔。这不由得让我想到，美国是一个移民国家，这样的包容性、这样的对彼此文化的尊重和接受，同样是驱散蒙昧的光明，也是值得珍惜的伟大精神。

顺着小黑马的指点，到这里我才算有些明白，何以这册绘本获评当年"《纽约时报》十佳绘本"。《甜点，真好吃》绝非仅让人忆起"家的味道"，随着翻页，将美国的历史源流、国家精神、市民文化等表现得清新自然却又详尽深刻。甜点，真的好吃，可是，好吃的又何止是甜点！

一道甜点，勾连起三百多年的生活史，这当然是《甜点，真好吃》里的大意义。不过，回到甜点本身看，作者的这个选择还是别有意趣也相当精准的。你就是你所吃的东西，食物也就是人的一生，一家人在一起享用同一种食物，就成了人生中难忘的回忆。有时候，想到很久不见的朋友，甚至永远再见不到的朋友，浮上心头的，竟然是我们还一起吃过饭。似乎"一起吃过饭"，受过同一种食物的滋养，就是人与人之间最大的牵连。是的，食物，或者说甜点，其背后是情意，是甜蜜，是温馨。

这些天，著名电视人陈晓卿继《舌尖上的中国》之后的又一部纪录片《风味人间》正在播出。有人说，资深吃货陈导能把片子拍得这么好，正在于他不断"透过食物，勾引我们产生对世界、对民族、对家庭、对个体的好奇心"。读《甜点，真好吃》，同样激起了我对这绵延四个世纪的世界、家庭、个体的好奇。幸运的是，无论何时，"水果傻瓜"的好口味没有变，一家人坐在一起吃顿饭的幸福没有变，食物背后流转的人类的联结和创造没有变。艺术史家贡布里希曾在档案馆里看到过一封信，上面只写着：

"亲爱的妈咪！昨天我们吃到了好吃的松露，你的威廉。"

这是五百年前一位意大利小王子写的。

如今，在《甜点，真好吃》里，我又一次听到了小王子的声音。往大处想，只要有人类在，甜点就会继续好吃下去，对甜点的这份记忆也将继续流传下去。

回头看看这册绘本，朴素的亭子、精美的绘画、圆满的结构成就甘甜的生活，尤其是这生活竟然是由一道相同的甜点汇聚起来的三百多年光阴，不得不佩服作者与绘者的匠心和功力。

多年以前，读过童书作家阿诺德·洛贝尔的一段话，他说：

在我职业生涯的某一个阶段，我发现：为孩子创作书籍就意味着过一种必要的与世隔绝的生活……灵感不是在喧闹和不可捉摸的孩子们中间发现的，而是在我那幽暗而安全的想象中、在我那众多的布满灰尘的藏书中生长的。不用走出屋子，我便了解了整个宇宙。

我愿意把这段话郑重地赠送给洛贝尔的两位同行,《甜点,真好吃》的两位作者,她们又一次让我领受到什么叫作"不用走出屋子,我便了解了整个宇宙"。要我说,这册绘本就是一份精致漂亮的甜点,真的、真的很好吃!

一场游戏一场梦

大名鼎鼎的薇薇安·佩利女士说:"游戏是孩子的功课。"但实际上,现在孩子们的学业功课不轻,真要进来很多"游戏"的功课,还真不容易。幸好有不少精彩的绘本,在共读时,能够让我们与孩子游戏一把,比如这本特别好玩的《一园青菜成了精》。

到底是谁成了精

《一园青菜成了精》,内容改编自北方童谣,讲了个热热闹闹的故事——对,就是热闹——一畦菜园,其中成了精的萝卜、青菜、辣椒、莲藕等蔬菜,劈头盖脸,乒乒乓乓,不分青红皂白大战了一场。要说为啥而战,还真不知道。

童谣是个好东西,活泼泼的生机、热腾腾的斗志,三句两句一览无余。

"出了城门往正东,一园青菜绿葱葱。最近几天没人问,他们个个成了精。"

怪了,要我说,好好一块地上的老实青菜,怎么就成了精?

再看后两句所配图画,平地起波澜,恰似闪过一道金光,一园子菜全活了,蹦起有三丈高。画者周翔有言,他设计了一个"冲天"的姿态来表现青菜"成精"的过程。

哟呵,秘密揭开了,到底是谁成了精?啊哈,亲爱的朋友,成了精的从来就不是青菜,而是"设计"了童谣、"设计"了画面的人——"游戏的人"!

　　荷兰人类学者赫伊津哈有经典著作《游戏的人：文化中游戏成分的研究》，在书里他将"游戏"作为一种文化现象来研究，由此他发现游戏理论与人类文明的发展都有联系，人就是游戏的人。想通这一点，我们就能明了《一园青菜成了精》的重要内涵之一——"游戏精神"。无论是蓬勃搞怪的童谣，还是妙趣横生的画面，两者相得益彰，这正是童谣口述者与图画绘者的精神得以沟通的结果。周翔自己说他反复阅读，慢慢读出了童谣里的味道、"嬉戏的意味"。这种精神，正是这一时代不断失落而弥足珍贵的游戏精神。

　　孩子尤其应该是游戏的人。在有些学者看来，儿童的精神就是游戏精神，可是，如今对孩子来说，且不谈"精神"，"游戏"在哪里？事实上，游戏精神对人而言异常重要，"玩游戏的时候，人处在创造力的巅峰，他完全摆脱了互相仇视的羁绊，他从粗俗的需求中彻底解放出来"。《一园青菜成了精》中天马行空的想象力充分体现了这一点，所以，应发现并重拾游戏精神，是这本书能给我们的重要启示，不管大人，还是小孩。

童谣何以入了画

　　现在凡是读绘本的爸爸、妈妈都知道，绘本内容不是"图+文"，而是"图×文"，图画本身就是语言，讲述了一个故事。孩子读绘本时，他应该是用眼睛看图画语言，用耳朵听文字语言，"当图画、语言在孩子脑海中形成一个完整的图景的时候，他才会真正进入图画书的世界，真正读到它的意义"（松居直语）。《一园青菜成了精》原是童谣，如何将童谣以图画呈现，以图画讲一遍这个故事，并且不能落入"文配图"之情形，委实是门学问。周翔也发现把一首童谣翻译成图画语言，很难。但他做到了，他把握到了这首童谣中"翻腾跳动的情节与韵律"。而这种情节与韵律，在我看来，正是童谣得以入画的前提，这就是画面感。

童谣文字堪称一部动作片，比如这几句："小葱端起银杆枪，一个劲儿向前冲。茄子一挺大肚皮，小葱撞个倒栽葱。韭菜使出两刃锋，呼啦呼啦上了阵。黄瓜甩起扫堂腿，踢得韭菜往回奔。"

角色、动作、状态、声势、节奏，甚至还有蒙太奇，这样的语言，确实是可以拿来入画，拿来录影的。

与之相契的画面也正是如此，左右两幅大图，节奏完全相同，分成上中下三部分。以左图为例，上部，两方对手亮相，胡豆托着小葱出场，那架势颇吓人；茄子昂首静待，一脸不屑。中部，小葱挺起葱尖冲向茄子，杀气逼人；茄子不敢大意，闭眼收腹正在运功。下部，结束交锋，茄子大肚一挺，内功绵绵，气势惊人；小葱也不知有无近身，已直接撞蔫，枪尖折成面条状，被胡豆拖着回营——"出师未捷身先死，长使英雄泪满襟"。若将图左上出阵与左下回营对照，读者不由得就会笑起来。而这跟文字在不在旁边关系不大，只需看画，就能明白。这取决于画家空间处理的巧妙、富有变化的电影手法的运用、出色的想象力、严密建构故事的构思能力。也因为这些，以童谣入画的《一园青菜成了精》，的确成了中文原创绘本里的经典。

细节里的幽默味

每次读《一园青菜成了精》，我都忍不住笑出来，太搞笑了！不少场面让我想起了周星驰的"无厘头"。而戏中角色则一本正经地尽心出演，就算只是一个小小的胡豆，也有眼风，有表情，有台词，有道具，有姿态。这让我想起了周星驰的"其实我是一个演员"。多年后重读，明白了，这些家伙，一个个都是戏精啊。

童谣的趣味与幽默不说，画家几乎在每个画面里都藏了大大小小的笑点若干，随便就能找到几处。

莲藕打战书那幅，大藕带小藕，阅兵一样列阵进场，噢哟，步子不要那么大好吧？再看花生打那小旗，上头直书"藕霸"，哈哈。难怪了，再看那步伐，倒也配得上啊！

之后"歪嘴葫芦放大炮"，藕霸一方形势急转直下，那几幅画也极尽喜感。事实上，这样的结果暗示着蔬菜的成熟，不过，单从画面上看，哪里会想那么多？只是觉得很好玩哪。

整本书中，我以为最精彩、最显画家功力的中间跨页是："两边兄弟来叫阵，大呼小叫争输赢。"

这幅跨页，虽是两军阵前，然画面喜庆，好像春晚，过目难忘。倘若一一分析，未免无聊，读者尽可自行寻觅其笑场，我只分享一处小小的。跨页左侧中间是十数颗土豆，其中有一颗土豆打了面旗以壮军威，军团命名"土豆王子队"。起先我一愣，再看那一咕噜圆嘟嘟的要么光脑壳要么绿脖颈的王子，不由得笑哇，笑哇。这等细节有似天外飞仙，好神气！

确实是这样，任何东西一旦被说成了故事，就会有回响。这不仅仅是有趣的事情，更是一种有趣的方式。不管怎么说或说什么，《一园青菜成了精》带给了读者很多很多的"笑"。这就是它的成功之处。"人生就是为了笑起来，其他的都是细枝末节，成败或是艺术有什么重要？与欢乐相比都是细枝末节。"我想，这也正是绘者周翔先生的本意。他曾经说过一段话：

童谣是一种音乐，我的图画是故事，它们在一起会编织成一种独特的审美情趣。我希望它像"随风潜入夜"的细雨滋润孩子的童年。虽然我从未耳提面命地说什么，但孩子长大后，他们会记得自己的父母或祖辈曾经抱着他们读过这么美好的东西。这幅温暖的画面会留存在孩子们的心里。

嗯，亲爱的朋友，在阅读中你就尽情笑吧，尽情享受流于纸上的想象力，随着一园青菜成一趟精，打一回仗。一场游戏一场梦，可以肯定，这会是我们和孩子共读时所做的最好的事情。

生命，始终都在生命里

《驴小弟变石头》是我特别喜欢的一本图画书。对这个故事，可以有很多不同的解读通道，家庭、亲子、魔法、幻想……诸如此类。

记得有一回，读给念念听，她忽然问我："如果驴小弟再也变不回来，怎么办？"我已经想不起来是怎么跟她讨论的，只记得当时忽然就意识到，或许这个故事里也藏着作者威廉·史塔克对死亡的认知，尤其是当他开始创作童书时，他的年纪的确不小了。回到故事里，有生命的驴小弟变成了无生命的石头，如果我们认可这种对生命的理解，这不就是一个死亡的过程吗？至于直接描写驴小弟变成石头之后情形的那两页，仔细读，会想起什么呢？

这带给我的另一个启发就是，说不定什么时候，你就得面对孩子的提问，与他们谈论死亡。谈到死亡，以之为主题的图画书并不鲜见，比如《獾的礼物》《爷爷变成了幽灵》《永远有多远》《麦先生的旅行》《一片叶子落下来》……对死亡的书写，带给读者的本质上也是一种生命教育。联想到那些不绝于耳的消息——这里那里的孩子忽一纵身放弃生命，这样的教育又何其重要。想想自己，最初的死亡教育也是来自阅读，当时是村上春树的一句话震动了我。在《挪威的森林》里，木月自杀身亡，村上写道："死并非生的对立面，而作为生的一部分永存。"怵然心惊，至今不忘。

什么叫作"死……作为生的一部分永存"？大概，每个人都会有不同的理解与诠释。《挪威的森林》里，好几个角色先后死去，他们还如何存在？在他人的记忆里？在这本书里？

不得不说，第一眼看到图画书《不要哭得太伤心》，我就想起村上春树的那句话，之所以能够"不要哭得太伤心"，是因为你我知道，死是作为生的一部分永远存在着的，无法躲避，也无力抗拒，它本来就在那里，它是生命的一个必然。

文字作者内田麟太郎，1941年生于日本福冈，父亲是诗人内田博。他19岁时赴东京，一边做招牌画匠一边写诗，38岁时开始写儿童读物，自称"绘词作家"，因诙谐含蓄的语言风格被称为"语言的魔术师"。

《不要哭得太伤心》，实际上就是一首诗。

内田麟太郎不愧为"语言的魔术师"，这首诗，用浅白的话语，写尽了岁月、生死、亲情。整首诗借着逝去爷爷的口吻，从现在到过去，再去往未来，在语言的回环往复中，穿越时空，生生世世，有深刻的依恋，有从容的告别，更有永恒的记忆。诗里并没有讲什么故事，从开始到结束，能够看到的，就是一位慈祥和蔼的老人家，站在生命的尽头，或是另一次生命的起点，看着自己挚爱的小朋友，回忆并且瞻望，默默凝视，缓缓安慰，絮絮叮咛，"不要哭得太伤心"，"因为我喜欢的你，/ 是爱笑的你"。而在他温柔的话语之中，你能看到小朋友经历了一次深刻的生命教育，从起初的心痛、苦楚和无比想念，到在生活中渐渐明了，渐渐领悟，到最后能够接纳，能够释然，这本身也是对生命的一种观察与一种理解。有人说，这个绘本很治愈。想来，死亡作为一个巨大的隐喻，背后有残缺，也有失去，面对这些不完美、不圆满，都应作如是观：爷爷变作了幽灵，爷爷变成了回忆。

那么，我还能说什么呢？

哦，我还能说的是内田麟太郎的温情。"苇莺在鸣叫，我和你一起听过这样的叫声。/ 红蜻蜓在飞翔，/ 你第一次用帽子扣住它时，/ 回过头来，/ 冲我得意地咧开嘴笑。"这几行诗，结结实实打动了我。

我们总是会想，人死后，生者能记得死者的音容笑貌，那么死者就永远活在我们身边。然而，我们有没有想过，就死者而言，他其实也是带着对生者的无限记忆而离开的。从这一点来说，他的记忆才是他真正不死的源头。我们活着，我们记得，因为记得，我们才活着。你是谁？我是谁？在死亡面前，这些身份或许都不再重要，重要的是，"苇莺在鸣叫，我和你一起听过这样的叫声"……而且，我们记得的是什么呢？不是这辈子了不起的英雄事迹，不是这一生纷繁热闹的朋友圈，只是再平凡不过的事情：我们在站台上一起等候，手牵手远足，走过田野，遥望蓝天和白云……这些细细碎碎的场景，构成了生命的全部。大概可以说，有怎样的生，才会有怎样的死，生命不在别处，此身，此地，此时而已。

"不要哭得太伤心"，那也是由于在离开之前，我们把最好的爱和笑留了下来，曾经有那么多欢笑驻留在彼此心中，"我喜欢的你，／是爱笑的你"，那就在活着的时候，将更多的笑留给你心爱的人吧。说到这里，我不禁回想起驴小弟，当寒冷的冬天来到时，"他觉得他会永远变成岩石。他想要习惯这件事，于是他不想醒了"。如果心里有更多欢笑、更多美好的回忆，他会不会坚持得更久一些？在彻底"死去"之前，能够有更多生命之欢愉、亲人之友爱放在心里反刍，这本身也是对死亡的最大抚慰了。

哦，我还能说的是图画绘者高巢和美的唯美细腻。她的配图，完美呈现了原诗的意境，营造出了梦幻般的氛围。在这里，死不是寂静的，死不是黑色的，死不是坚硬的，在死者的世界里，同样有心的搏动，同样有粉色的回忆，同样有温柔的倾诉。

打开这本书，首先映入眼帘的环衬，是一片温暖的粉色，这片粉色意味着什么？我个人觉得，这是生死之间那条长长的通道吧。这条通道究竟是怎样的，活着的人说不清楚，有不少人因为某些独特的际遇有过神奇的体验，说那条通道是有光的，很明亮，给人温暖的感受……大概这样纯粹的粉色，就是生者与死者彼此思念的背景色了。来到扉页，微雨霏霏，前景是一丛素净的紫阳花，两只小小的蜗牛趴在花叶上，探出头看去。顺着蜗牛的视线，可以看到一个小男孩的背影，他穿着雨衣，撑着伞，还拿着一把伞，正往前走去。翻过来，是巴士站台，小男孩落寞地坐在长凳上，一大一小两把伞搁在旁边。毫无疑问，他是在等人，如果没有配文，单看这幅图，也能明显感受到小男孩的孤独与伤心。很显然，这是一场无望的等待。为什么呢？答案就在诗里：

"你像往常一样/等在那里，/你还不知道我已经不在/这个世界了。"

按照我本来的理解，《不要哭得太伤心》这本书，肯定是先有文字，再有图画的，绘者高巢和美依着诗意与诗境画下这一幅幅画，但是，从成书来看，从图文之高度合拍来想，如果你告诉我，这是先有图，再配以文字，我也同意。

我非常喜欢诗里的这几句："我喜欢心软的小孩，/喜欢心软的你。/因为心软的小孩/都有一颗善良的同情心。"仔细品味高巢和美的画，一样能感受到这份善良的"心软"。图文作者都是心软的人哩，书里的人物、风景都有圆圆的轮廓，绿草如茵，紫阳满地，暖暖的画，软软的心。值得一提的是，将故事放在雨季，那么雨丝和眼泪就混在了一起，湿漉漉的天气也意味着那颗因为哭泣而湿漉漉的心，让人尤为生起丝丝爱怜。

读着《不要哭得太伤心》，无论是从意境，还是从画面，我都会想到伊东宽的《没关系　没关系》。这两本书仿佛是互文之作，后者是祖孙之间在活着时候的陪伴和支持；前者则是在死去的世界里，依然有生命的接力。关于这一点，还是河合隼雄先生说得透彻："老人与孩子有着不可思议的亲近性。孩子来自另一个世界，而老人马上就要去另一个世界了。两者都与另一个世界相近，在这一点上是相同的。"《不要哭得太伤心》，是爷爷直接从另一个世界向着孩子发声，这真是"有趣的交流"，尽管这交流含着热热的泪。此外，这两本书里的爷爷形象高度一致，都是作为"引导者"出现的。死亡是一次失序，在爷爷（引导者）的劝慰下，孩子们回到日常，恢复秩序，重新找到内心的安宁——本质上，这也是内在生命的不断轮回。

诗中那一处，让人怦然心动，甚至潸然泪下，就是写孩子也做了爷爷，某一天他的孙子也扣住了一只蜻蜓，回过头来看他，"这时，你/（哈哈）/就会在心里自言自语：/这是从爷爷那里得到的/生命接力棒啊！"画上的"爷爷"就是那个长大的小孩，他静静地坐着，回味起很多年前他冲着自己爷爷的那一笑。这一笑，接续起数十年光阴，接续起五代人的传承。到这里，长大的孩子肯定恍然大悟，爷爷另一次生命的起点，正是自己，长者的生命在自己身上得到了传承。这几句诗，大概是说给世界上所有人听的吧？人一天天长大，渐渐忘记自己生命的来处，然而，在自己的身体里，总会有无数先人的血液在奔涌。说到底，是爱让我们有机会来到这个世界上，同时，先人留给我们的每一点爱意，以及曾落在我们身上的充满爱意的关注，哪怕一点点，都是通向未来的最好动力。"生命接力棒"，确实是再好不过的表达。死亡并不能将一切劫掠殆尽，相反，它作为生的一部分，通过历久弥新的记忆，反而将一切在更深层次里联结。时间已经帮人忘掉，可是，一个刹那、一个片段、一次微笑、一处风景，都能让我们深深领悟，那些爱着我们的人从不曾离去，永远在我们身边，他们的爱，一直源源不断地传递给我们。

说到伊东宽，我又想起了他某次讲演中的一段话，他说大人不要带有目的性、任务性地给孩子讲故事，而要充分利用读绘本这件事让亲子之间的相处时光变得美好："从绘本中诞生的并非知识和技能，也不是所谓对童心的守护，而是对未知世界、万事万物的同理心，是从意外和惊奇中发现生命的乐趣，是孩子每一天成长变化给父母带来的日常感动。"

不管是《没关系，没关系》，还是《不要哭得太伤心》，最好的读法莫过如此：握着孩子的手，轻轻地念出来，念出来，走过那条粉色的花香小径，走进生命里的一段感动。生命是什么？当走到道路的尽头时，才发现，这一路点点滴滴，无非就是回忆、回忆和回忆。回忆，也就是回不去的记忆，记忆无法复返，记忆可以重现。"死去的人总是希望／活着的人更加幸福。"如何告诉死去的人我们很幸福？该是不断回忆，用力回忆，让死去的人永远活在我们身上。有风吹过，站在街角，也会突然回忆，在这样的回忆里，爷爷在，我也在，一切都还在，于是，"不要哭得太伤心"。

如果记忆消失，或者留有这份记忆的最后一个人离开，那才是真正的生离死别。不过，那是另一个故事了，比如《寻梦环游记》。

还能说什么呢？想来想去，还有一个故事——关于如何跟孩子谈论死亡，也是来自河合隼雄先生。他有一回坐电车，遇到一位女性，带着一个四岁左右的女孩，怀里还抱着一个婴儿。女孩在一旁调皮捣蛋，妈妈丝毫不为所动，快到终点站的时候，女孩突然问妈妈："人死了之后还会转世投胎吗？"妈妈头也不回，满不在乎地说："说什么呀，死了就玩完了！"孩子似乎不满意，冲着妈妈的背影又问了一次。妈妈快步走着，口中连连说道："死了就玩完了，玩完了！"孩子跟在后面跑着，生怕被落在后面。

同为日本人，这位妈妈还真是坚毅而果断："死了就玩完了！"可是，这样的态度与回答，是与孩子的好的讨论吗？河合先生说，无论如何，这件事让人感觉到，孩子总会在意想不到的地方对死亡进行思考……那么，作为大人，我们能不能捕捉到那些迹象，并以恰当的方式回应，这实在值得思量。从这个意义上说，图画书是很好的媒介，它会告诉孩子："哭出来好了，/因为你想我。"但是，"不要哭得太伤心"，生活还在继续，还可以继续笑，继续奔跑，也许将来会忘掉，但生命，始终都在生命里。

四年前，外公离开了这个世界，离开了我。之前一次去看他，临走前，他努力提高声音，对我说："要进步哇！"仿佛用尽全身的力气。再一次见到他时，他已在弥留之际，什么话也说不出。八十多岁的老人家躺在那里嘱咐我的"要进步"，成了他对我说的最后一句话，这也应该是他对我今后人生的全部期待了。直到此刻，我好像才真正明白他的这句话，"死去的人总是希望/活着的人更加幸福"。

那就这样吧，隔了四年，我又对外公说一声"再见"，不会哭得太伤心，而会努力"进步"，您要相信，那个爱笑的我，那个奔跑的我，从来都在。总有一天，亲爱的外公，我们还会再相见。

所以，我们，不要哭得太伤心。

第四辑

阅历之乐

你，就是你的阅读史。

无法想象的那些事

2016年年初在南京,与杂志编辑、儿童文学博士李慧老师交流,她提到《东方娃娃》出品的一册图画书——《看,一本书!》,说其中表达出的"书之爱",是少见的直接,又无比浪漫。我记在心里,回头想办法找来,读完的确感觉如李老师所说,《看,一本书!》很直率,很有力量,同时,很诗意,很美好。小小图画书,封底上印了一句话,就是书里的话:

"你永远无法想象一本书会把你带到哪里。"

这话并不新鲜,单说绘本,如芭芭拉·莱曼的《小红书》,所表达的是同样的主题,《神奇飞书》也有这个意思,恩德《永远讲不完的故事》也因一本书而起,但直接把这句话写出来的,视野里还真就仅此一册(或许我读得太少)。我喜欢这句话,乃至觉得,单这一句话,就有一部长篇小说的体量,在"无法想象"里,故事开始了。很幸运,2016年的阅读从这本美丽的书开始。站在年尾看,忽然发现,似无意又似必然,这句话成了一则"天真的预示",预示我这一年阅读生活的主旋律,或者说,这一年,由于阅读,关于阅读,我所经历的,恰恰就是"你永远无法想象一本书会把你带到哪里"。

第一次意识到这一点是在4月23日,那天到北京参加活动,到得早,经过商务印书馆附近的天主教东堂,在门外长椅上坐下,翻开随身带的《旧时燕子》(邵燕祥著),结果,第280页《十字架》一篇,一翻开就看见:"他从小住家邻近天主教东堂,他是一个虔诚的天主教徒,因为,他接触过一些老教徒待人都很好。"一瞬间,整个人就愣在那儿，特别激动，也特别感动。走了一千公里路来到北京，无意间走到天主教东堂跟前，再打开书来，它就在书上这一页第一行，书里书外，同时来到我面前，实在是近于神奇的小概率事件——本来也没有想到，长期不辍地阅读与推广会将我带到商务印书馆，带到涵芬楼。往大了说，这是阅读对一个人的推动，是阅读所能够产生的洪荒之力；往小处说，我想，所谓"无法想象"，其实就是一个人对阅读的爱与信任，不去过分想象阅读之后的事情，而是基于一个普通读者对阅读的热情，经历阅读，相信时间。

　　回溯2016年，读完的第一本书是陈丹青先生的《陌生的经验：陈丹青艺术讲稿》，这是他在"看理想"出品的视频节目《局部》的文字结集。1月里的一天，我兴高采烈地读完，它好看到让我不知所措，恨不得拍案而起。陈先生怎么可以讲得这么入港！那些边边角角的常识、轶事、线索，由之带出的人情事理，太好看了。找到《徐扬的功德》那一集，对着视频，又听讲座，又读文章。陈先生絮絮道来，声音淡淡的，断断的，见不到火气，然内里的热，却触手可及。他似乎真是要弄弄"美术的普及读物"，其实不是，他意在美育，又不全在美育。"朝向我所敬爱的良人"，何止在人？完全切己，读完了总有收获，智识、视角、细节，是说得出的，说不出的是陈先生的风神、言语中的韵致，还有长久的喟叹。陈先生总是在有意无意间给我大大的警醒，《杜尚的决定》中，有杜尚五十多年前说的话：

　　艺术界眼下急功近利，物质至上的局面，用教育来改变是不可能的，可以给予抵制的方式是：沉默、缓慢、独处。

　　艺术家的洞察力与穿透力，五十多年之后，依然闪光，这是无法想象的。如果没有读到这金子般的句子，哪里能想到杜尚对那个时代的认知完全符合这个时代的症候？当下，如何做好自己？未尝不是沉默、缓慢、独处。于我而言，与之匹配的行动，最显著的大概就是重拾记事习惯。从 2015 年 4 月，又开始对每天的生活与阅读进行些许记录，缓慢地阅读，沉默着书写，独处时记录。每日近乎一成不变的生活，对个人的灵性未必不是一种消磨，但记录本身是一种回馈，回馈阅读；是一种挽留，挽留灵性；是一种对抗，对抗时间；是一种拒绝，拒绝消磨。若非有此不倦，怎么能够不宠无惊，豁然开朗？首要的就是，让阅读成为日常生活。罗大里说需要一张桌子，可以种一棵树，但是，如果种一棵树只是为了打一张桌子，那就轻慢了这棵树。阅读就是这棵树，无法想象这棵树将会带给你怎样的阴凉与惬意。

比如，4 月初读了日本导演是枝裕和的《有如走路的速度》。无意翻开，未承想，从这些小品里收获了很多很多，一个做着戏剧工作的导演，笔下的文字却如此安然又平静，一点儿也不"戏剧"，而且让我一下子看到了我每日记录的真正价值。

并非我在孕育作品，作品也好，感情也好，早已蕴含在世界之中。我不过是将它们捡拾并收集起来，然后捧在手心，展示给观众看。

我一天一天记录，集结在一起就是人生，展示给自己看。阅读无法想象，对应的是人生难以预知，怎么办呢？是枝裕和的另一句话也很体贴："不要试图表现作品，而是去对话。的确，只要意识到这一点，作品就会自己打开门窗，清风自来。"那位前辈教给他的话，我也记住了——"你要在心里想着一个活生生的人去做"。这就是人生，这也是教育。

人近中年，少了很多梦想，意外的是，今年先后有两本书，让自己生出些新的心愿。这两本书，一是齐宏伟的《上帝的火柴》，写的是《安徒生童话》；一是周保松的《小王子的领悟》，写的是《小王子》。他们与经典对话，写下自己的领悟。卡尔维诺说："一部经典作品是一本永不会耗尽它要向读者说的一切东西的书。"从经典里，能够读到的真是千千万万，为什么我不可以呢？这倒也是一种进步，从关注书的内容，到关注书是怎么来的，再去想为什么我不可以也写一本。说起来，今年阅读与写作也有一得，年初将洛克的《教育漫话》重读一遍，写成文章，最后与诸兄长文章收录在一起，以《向经典致敬：6位教师对话教育先哲》结集，年中出版。书事美好，也告诉我，经典是一条河，任何时候进入都会激起美丽的浪花，"向经典致敬"，也是向着无法想象的那些未来致敬。

要说经典，今年读过的《其实不识字：在汉字里重审生活》，不得不提。人生为一大事而来，作者杨无锐最初将这组书信贴在微信公众号里，我近一年追读，最终从他手上拿到签名本，真是一个圆满的因果。如今汉字热闹，汉字爸爸汉字叔叔汉字老师汉字先生汉字大象汉字大树汉字大会汉字大赛，偏偏无锐先生要说"其实不识字"，为什么呢？因为"我们使用的，是一种耗损了的汉字。和耗损的汉字相伴的，还有耗损了的文化，耗损了的人"。认得的未必是认得的，这与"现代"有关，这与"坏哲学"有关。读完书，第一时间就把这本书推荐给朋友，我知道，这里面的每一封信，收信人都可以是你。

无法想象，也是一种辽阔。6月份参加一个教学活动时发言，主题就是"辽阔的儿童阅读"，后来还专门写了篇文章，到9月份，买到周春梅老师的《一间辽阔的教室》，会心一笑，真好。"急于给学生一片天空，实际上还是给了他们一只鸟笼"，书中长长短短的随感、笔记，是属于周老师的"上课记"，其中有光阴，有理想；有年轻，有成熟；有师道，有师爱；有见证，有记录。从中看见的是在一个追逐浮名和金钱的时代，有这样一位周老师"以深沉、朴素的姿态站立在讲台，把学生的目光引向灿烂的星空"。她，是一位好老师。

说到好老师，自然需要有"上课的学问"。黄玉峰先生所著《上课的学问：语文教学优质资源的获取和运用》是年头至年尾所读专业类书中很值一说的。初读时即感震惊与震撼，在可能的言语尺度里，黄先生无论在思想方向（深度）上还是在文字指向（内容）上，最大限度地讲出了他的心里话。就算不能坐在他的课堂上，由纸页间也可领略，他的课堂始终都是"明亮的对话"，这让这本书有了非一般的专业质地。黄先生的第十讲，曰"直面教师'真问题'"，乃真正的肺腑之言、启蒙之章。他最终总结出几句话：回到常识，回到原点，回到理性，回到真相，回到自我。教师用什么来垫起自己的课？黄先生的五个"回到"，可切磋，可琢磨。毫无疑问，这几个"回到"精准、中肯，洋溢着教育精神与信仰，已不止于专业。

功夫在诗外，教师想真正上好课，要研读的何止是上课？读《上课的学问：语文教学优质资源的获取和运用》，想到的另一层就是，专业阅读不应是教师阅读的唯一。此外，即使专业阅读里也有那么多非专业的东西可以获取。倘若只能从《上课的学问：语文教学优质资源的获取和运用》里看到黄先生的文本解读与教学设计，那显然小看了学问。黄先生的学问在他的思辨，在他的博学，还有，在他的勇气。今年，黄先生还出版了一册演讲集《我只想站得直一点：黄玉峰教育演讲录》，只读书名，就足以想到很多。对黄先生的无法想象，还在于今年竟与他同获一个阅读奖项，这出乎我的预料，也让我受之有愧。此阅读惠我，铭记在心。

推而广之，并非在专业书里才能遇到专业，一本谈音乐的书，也可以带给人很多专业的提升，不是吗？暑期读《乐之本事：古典乐聆赏入门》，就有教学上的收获。从焦元溥的文字里，我感受到的是一个非常好的老师——有情怀、有策略、有方法，"愿这本书能让你记起那个喜爱音乐的自己，想起每一个与美好感动相逢的当下。无论人生多荒谬，世界多歪斜，有些事，永远值得你放在心上，用自己最坚定顽强的意志，温柔又执拗地守护"。这样的叮嘱，带出来的真是一位好老师，毕竟，完全可以将《乐之本事：古典乐聆赏入门》理解为焦元溥对一个普通人的古典音乐教育。而且，由他的分析与分享，可以发现，音乐的欣赏与阅读实在相通，焦先生在第八章《入门之后的进阶之道》开头，直接借伍尔芙《我们应当怎样读书》来讲。如果我来讲阅读，岂不正可以借他的赏乐文章来用？为什么不可以更好地想象教育？当然，说一千道一万，师者本心，正是"用自己最坚定顽强的意志，温柔又执拗地守护"。在阅读里寻找教育的光，阅读也会给教育的多样性以可能。在无法想象之中，还是可以有所想象，2016年的阅读，同样告诉了我这一点。

下半年，一些偶然的机缘，多家童书机构联系上我，于是，集中精力读了一批童书，有图画书，有文字书，有儿童故事，有成长小说。关于图画书，我现在越来越认同柳田邦男的说法：大人更应该读绘本，在阅读中，那些在只顾工作的奔忙中被遗忘了的珍贵的东西——幽默、悲伤、孤独、别离……"会像烤画一样浮现出来"。还有，市面上图画书太多太杂，要找到真正的经典，需要大人的眼光与见识。这一点，家长自己要学习。是的，所有的绘本都好，但有些绘本确实更好。

就文字书而言，麦克·莫波格的书、霍林·克兰西·霍林的《划桨入海》，让我印象深刻。前者我专门写了笔记——《把世界带给孩子》，这是我认为的好的童书所必需的品质。《划桨入海》则更让人沉醉，确实没想到，会在年末读到这样一本有着浓浓古典情意的成长小说，冒险故事的外壳下，是自然文学的辽远与阔大，情节朴素，意韵悠远，两位真正的桨手"天地孤影任我行"的自在与气概，完美复刻了美国自然文学作家西格德·奥尔森的话。这也是我们阅读本书最真实、最笃定的收获。

由失而复得的原古生活方式中寻到的简朴的愉悦，时光的永恒及

对远景的期望。(《低吟的荒野》)

我乐于将这样的书推荐给所有的孩子，比如，同为今年读到的《闷蛋小镇》《老轮胎》《童话山海经》《风中的树叶》、"生活习惯简史"系列绘本，因为其中都有浩瀚的宇宙，生命的，心灵的，生活的。儿童阅读本不应设限，博尔赫斯说"爱伦·坡跟王尔德都是相当适合儿童的作家"，让童年的他惊为天人。我不知道，如果生活在现在这个儿童阅读环境里，博尔赫斯还会不会成为日后的博尔赫斯？年中，诗人北岛为"给孩子系列"写了发刊词，说希望给孩子留下"课外""墙外""野外"，尤其是"野外"，指的是"敢于跨越所有的边界，穷尽人类的想象力与创造性"，深以为然。阅读这件事，说到底，还是朝向可能性，打开孩子梦想的天空。最好的儿童阅读，在我看来，就是大人和孩子一起穿越书籍的迷雾，构建属于自己的秘密书架，然后，把一切都交给时间，与光同尘，好像小林一茶的俳句："白雪融化了，村子里到处都是，快乐的孩子。"不知为什么，好多年了，我总觉得，这是关于阅读所能想象到的——无论大人还是孩子——最美的景象。

2016年即将过去，然而阅读是无止境的。前几天，接到友人所寄杨照先生的《呼吸：音乐就在我们的身体里》，它也谈音乐，还没开读，想必又有另一番风景。而此"呼吸"之名，难道已经隐隐映照2017年的阅读？好吧，继续，为了这最美的景象，让阅读像呼吸一样自然，用阅读开启无法想象的那些事：

树林美丽、幽暗而深邃，但我有诺言，尚待实现，还要奔行百里方可沉睡。

寻找心中的桃花源

教书不止,读书不辍。转眼 2017 年又近尾声,回头看,不敢说这一年又有多少长进,到底读书始终没停。

且教且读,且读且教,教读相长,一路花香。

一

回看这一年的阅读,有一块贯通整年,年中曾有文提过,也不妨再简单一讲。由于做一个课程建设项目,一头扎进"中国古代童话"里面。中国古代有"童话"吗?这是一个很有争议的话题。20 世纪初,周作人先生发表了一系列有关儿童与儿童文学的作品,其中有一篇《古童话释义》,他在文章里有明确的观点,说:"中国虽古无童话之名,然实固有成文之童话见晋唐小说,特多归诸志怪之中,莫为辨别。"随即举晋代郭璞《玄中记》中《女雀》、唐代段成式《酉阳杂俎·支诺皋》中《吴洞》《旁㲼》为例,并加以解说。

在资料检索中发现,当代不少儿童文学界的理论家,从"儿童本位"出发否认这一观点,认为中国古代没有儿童阅读环境,也没有儿童立场的创作,那就不存在"童话","志怪、传奇"只能是志怪、传奇。理论家这样的剖析自有其道理,然而反复阅读、思考、解读之后,我倒认同另一些学者的看法,不少志怪、传奇、小说的情节充满了神奇的想象,又有着很多美好的情愫,弥漫着一种儿童阅读的氛围——同样具有很多的儿童眼光与心性,简单、朴素、纯洁、真挚,起码很适合儿童阅读。并且，这些散落在古籍里的故事，多多少少也反映出中国古人的文化传统，以及他们的生命观、时空观、价值观。家庭观，比如道家色彩很浓的"遇仙故事"，所谓"仙乡淹留，光阴飞逝"，还有妙趣横生的精怪故事，正可看出古人"万物有灵"的朴素思维，如所遇一则，出自宋人王象之的笔记。

隆兴府奉新县后有巨樟二，枝叶扶疏，广数亩，昔有县吏欲伐其木者，寺有老僧抱木而泣，愿先就戮，吏不忍，以故得全。（《舆地纪胜》）

读之再三，心潮起伏，良久未息。

姑且以"古代童话"名之，并与孩子们一起阅读，一起享受，又有何不可呢？有了这样的思考，我就动手做起来，尝试将这些故事带到孩子们跟前。从找书开始，广采博纳，《山海经》《搜神记·搜神后记》《博物志》《拾遗记》《集异记》《玄怪录》《酉阳杂俎》《青琐高议》……这些古人原作，能买到的买书，买不到的就下载电子版。还有后人辑录的集子，如汪辟疆校录的《唐人小说》、陈蒲清的《中国古代童话鉴赏》、漫游者编的《经典中国童话》等。再有就是一些研究论著，像白化文先生的《三生石上旧精魂》、李丰楙的《仙境与游历：神仙世界的想象》、刘守华的《中国民间故事史》《一个蕴含史诗魅力的中国民间故事》、武田雅哉的《构造另一个宇宙：中国人的传统时空思维》——这实在是一本特别有趣的书。还有就是教育、课程建设方面的书籍，多是重读，如佐藤学的《课程与教师》、多尔的《后现代课程观》、张华的《课程与教学论》、内尔·诺丁斯的《批判性课程：学校应该教授哪些知识》、温儒敏的《温儒敏论语文教育三集》等。接下来阅读，明辨，遴选，改写，总共拟定五大专题：《原来如此，宇宙自然》《幻幻真真，万物有灵》《天上人间，咫尺千年》《异人·奇术·怪事》《滴水之恩，涌泉相报》。慢慢整理，从容写来，或者译写，或者解读，或文白对读，年末梳理，有了近三十篇的积累。依据话题，以拓展课程的形式来进行教学实践，将一些篇章带入课堂，孩子们很是欢迎，打开了他们另一扇阅读的窗。由此，也更加确认与坚定，这件事值得做，用心做，正如《课程与教师》里佐藤学先生的分析：

要重新把握课程，教师自身首先必须摆脱"公共框架"的束缚，根据自身的教育想象力与设计力，形成新的课程见解。这是关注教师自身构想的课程，以课堂为基础，主体性、实践性地重新把握课程的课题。

佐藤先生点破了我正在做的事情，在中国古代童话的指引下，"以课堂为基础，主体性、实践性地重新把握课程的主题"。其间，著名教育学者成尚荣先生特地来听课，给了我热情的鼓励，勉励我以此课程"为儿童铺设一条幸福之路"，从书中来，往教中去。这一年，又一次真真切切感受到了"读书的意义"，它不在于读了多少，不在于读得多快，也不是增长知识，不是享受闲情逸致，而是遇到这些书，读过这些书，人生从此开始不同，从此开启了新的梦想与未来，从来都是这样，"他们能把我们心灵深处翻腾的模糊想法加以照亮并固定形成"（伍尔夫《普通读者》）。

二

诗人蓝蓝有一句短而精的读书心得："人们从一本书中发现的好的东西，几乎是他内心已存在的东西，只不过是他从另一个人那里再次看到的东西。"

若由此出发，那么，2017年有好几本特别喜欢的新书，大概就是让我从另一个人那里看到了"内心已存在的东西"，何其有幸，幸甚至哉。

第一本是江弱水的《诗的八堂课》。江先生这八堂课，讲得可真好。作为读者，我仿佛置身现场，听才华横溢的江老师纵横捭阖，以八个话题展开对古今中外诗作的讨论，所取面向独特而高远，如"博弈""情色""玄思"，其中更多地有人所未发，旁征博引，令人神迷。若将八个主题排开，联结起来，本身就是一首诗，恰是"情感与机智、感受与冥想的综合"。"诗是一种经验"，里尔克说。八堂课，正是江先生独特而迷人的个人体验，在书里，他提出了一个说法——"形而上学时刻"，如于连的塔楼时刻、里尔克的缪佐城堡时刻、瓦雷里的海滨墓园时刻、陈子昂的登幽州台时刻、杜甫的登高和登楼时刻，"这是诗的时刻，也是哲学的时刻，或者说，这是诗的哲学的时刻"。这么说起来，每个人，都要有他抒情的时刻、冥想的时刻。在喧喧嚷嚷的当下，如何能够寻找到这一时刻呢？我想，最便捷的路径，就是阅读，穿行在阅读的丛林里，做个好的捕手，一定会在书里抓住属于一个人的贴心的登临高处"游目骋怀"的形而上学时刻。年底，得知《诗的八堂课》获"2017商务印书馆人文社科十大好书"之誉，且排名第一，实至名归，当之无愧。

第二本是毕飞宇的《小说课》。这是毕先生近两年关于一些小说名作的解读赏析结集，此中讲稿都曾风行朋友圈，获得过超高的阅读量。不得不说，小说家上"小说课"，果然不同凡响。的的确确，在他的小说课上，他读出了太多读者历经多年而没有读出来的内容，从《促织》中读出了藏于其中的一部伟大史诗；将《水浒传》与《红楼梦》里同为"走路"的情节并置，理出"小说内部的逻辑与反逻辑"；进入鲁迅的《故乡》，从"基础体温"开始；认为汪曾祺的《受戒》，"是用来爱的，不是用来学的"……对小说，尤其是心仪的经典，毕飞宇带着热爱反复摩挲，一再琢磨。于是，这些小说课就足够我们品味与咂摸。如何细读经典，如何抵达小说内部，如何理解作者的隐蔽之思——不得不说，要做好老师，首要的是做个好的阅读者。

第三本有点儿特别，是一本给小朋友的小说集，但选者来头大，是著名小说家王安忆。没错，这本书就是《给孩子的故事》。这本选集，篇目让我惊艳，王安忆的编选理念更打动了我。她的很多说法，我认同到希望可以是自己讲出来的，说得不能再好了。

我可以为这些故事负责，它们不会使读故事的人失望，无论在怎样的不期然的地方出发，一定会到达期然；掉过头来，在期然中出发，则在不期然中到达。这是一点，还有一点承诺，些许要困难一些，那就是价值，这是选篇过程中，时不时受困扰的。倒不是说要灌输什么价值观，我们大人有什么比孩子更优越的认识？相反，我们还需要向他们学习，借用现在流行语，他们可称之"素人"，还未沾染俗世的积习，一颗赤子之心。难就难在这里，什么样的故事不至于为他们不屑，看轻我们这些大人；同时呢，也得让他们把过来人放在眼里。将一大堆篇目挑进来，摘出去，摘出去，拾进来，渐渐地，方才知道要的是什么。原来，我要的是一种天真，不是抹杀复杂性的幼稚，而是澄澈地映照世界，明辨是非。

单举一篇——莫言的《大风》，故事里的爷爷和他的孙子，简直贡献了一出《老人与海》，但这个比拟又是拙劣的，因为《大风》里的环境、场景、人物、故事，全都是"中国"的，套进《老人与海》中，显不出《大风》的纯与醇。阿城先生是怎么说莫言的？"格调情怀是唐以前的，语言却是现在的。"大风过去了，只剩一根草，"我举着那棵草，跟着爷爷走了一会儿，就把它随手扔在堤下淡黄色的暮色中了"。这个结尾，堪称绝唱，往小处说，那是孩子的天真与透明；

往大处看，让人想到老舍，"生命是闹着玩，事事显出如此"。别说，《断魂枪》也可以给孩子看。当年，博尔赫斯在哈佛大学诺顿讲座最后一讲《诗人的信条》中，就直言："我在想到底有没有人注意过，其实爱伦·坡跟王尔德都是相当适合儿童的作家。至少，爱伦·坡的小说在我小的时候就印象深刻，一直到现在，每次几乎只要我重读这些作品，他的文笔风格还是会让我为之赞叹。……我这样说可能有点亵渎，如果我们想要享受波德莱尔或是爱伦·坡的作品，我们就一定要年轻才能得到。上了年纪才来读这些书的话就很难了。"

难道给孩子的选文，一定得以"懂"为前提吗？什么是王安忆认为的"天真"？怎样能"澄澈地映照世界"？说到底，总得天真，才能领悟天真。回到博尔赫斯，他接下来就告诉我们什么是不天真："到了那时候我们就要忍受很多事情；那时我们就会考量到历史背景等种种考量。"这本《给孩子的故事》，正是王安忆从"故事"出发，抛去更多的不天真，代之以她的天真之眼、惊鸿一瞥、妙手偶得，谁也不会失望，终能传之久远。无论如何，任教小学语文，备感受用。

林语堂先生说过："这个世界上没有一本书是人人所必须阅读的，只有在某时某地、某个环境或某个年龄中一个人所必读的书。"年末翻检，除了以上三本，诸如树才《给孩子的12堂诗歌课》、凌性杰《陪你读的书：从经典到生活的42则私房书单》、李欧梵《中国文化传统的六个面向》、莫砺锋《莫砺锋诗话》、李敬泽《咏而归》、伊格尔顿《文学阅读指南》、蓝蓝《童话里的世界》、艾伦·知念《大人心理童话》……无法一一介绍，总之多多少少，都与儿童、与课堂、与阅读相关，一路行走，来到此时此地，它们是我"必读的书"，也不断让我从中发现内心里本已存在的东西，那就是用力向雅斯贝尔斯所靠近的。

最关键的是具有独立见解和追求的教师，他在学生中所发生的作用是极大的，同时，他在教室里有对自身负责任的自由。哪里能找到真正的生活，而不是被官僚计划者和学校君主控制的令人憎恶的生活，那里就有充满着精神内容、彼此之间负责任有义务的人类友谊。……教师需要安静的环境，通过优秀课文组成的教材，并以他良好的教学法手段，在孩子心中播下萌芽，这一萌芽将贯穿于孩子们的一生成长之中。教学活动中的读、写、算的学习并不是技能的获得，而是从此参与精神生活，细心地把握其中的美，而不是外在的手的动作和理解运算。

三

还有吗？当然！比如朱天心的《三十三年梦》，先不说五百多页的厚重……开头就结结实实吓着了我。

"她已不跟我说话近三年，尽管我们朝夕共宿一室，从她出生到现在，没有须臾分离过（是这原因吗？所以她必须以如此方式斩断脐带？）。"

实在想不出也猜不到当年那位"古怪有趣学飞的盟盟"在长大后，与她的母亲竟有这么一场旷日持久的沉默，而这竟又成了此书写作的源头："她和唐诺还是有说有笑，我只能很伤感地拍他们的背影。当时有种感觉，她想把我逐出她的生命。我觉得说，那好吧，你不要这些我们共有的回忆，那我记下来，所以回来就开始写。"（《朱天心：只有自己诚实，才有勇气去质问别人》）兴致勃勃地读下去，读下去，从没去过京都的人，随着朱天心，一趟趟去，一趟趟回，一趟又一趟，所幸的是，三十三年里，同行者众：唐诺、朱天文、侯孝贤、詹宏志、王宣一、丁亚民、张大春、叶美瑶、骆以军、林俊颖、黄锦树……熟悉的名字、复调的场景，透过朱天心细密的文字，梦过三十三年，走一场痛快的文学人生。阅读之乐，无非如此。

再如钱谷融先生的一册小书《闲斋外集》。我感兴趣的是"此前钱先生文集未收录"的文章，其中几篇在中央大学的作文，还附了钱先生几位师长的评语。读完特别喜欢的就是那几篇作文与评语，以及那不多的几封书简，前者有才气，后者真诚，还有些小顽皮。那几篇作文，有文言，有白话，不必评析其好，单作为珍贵的记录，如今看回去，正应了日后带给钱先生大批判的那个观念——"文学是人学"，亦如本书中对秦兆阳《晌午》评论初稿所言，"在平凡的日常生活中显示出生活的丰富性和复杂性"。《冬日郊行》《子规》《去帆》《桃花》里，有一个青年学子的所感所思。自由自在，偶有"脂粉气"，也甚为可爱。伍叔傥先生对这些文章的评点，可亲可叹："评《一个人在楼上》：情深而辞美，读之令人生爱。""评《再会吧》：非深于情者，不能作此等语。文亦清妙。""评《路灯》：语语轻灵，而用意深妙，非寻常文字也。可爱可喜。""评《蜻蜓》：我也如此。此段文字极生动。处处不落平凡。活泼、有趣，无疑是有天才的作家。"……

钱先生说做老师的，重要的就是帮助学生发现自己的天赋、长处，并愿意为之努力。从伍先生的评语中，我分明看到了这一点。伍先生1949年后去了香港，落脚崇基学院，继续教书。这又让我想到了学院里的唐君毅、小思、周保松诸先生，"千斤担子两肩挑，趁青春，结队向前行"，薪火相传，师道永存。

书里收有一篇类似脚本的材料，是上海电视台《名家时间》栏目文字稿，第一期的"名家"就是钱先生。先生散散淡淡回顾了一生，讲自己夫人那几节，特别有味道，又深情。最后，老人家说："回顾过去，我愈加坚信，书籍的确是我们最可靠的良伴，它任何时候都不会抛弃、拒绝我们，愿我们都以书籍为友吧。"

说到小思与周保松，暑假里，满心欢喜读完保松先生的新书《在乎》，又读到饱含深情的书写师长的散文《当春风吹过》，还是心动,他最后写道:"后来我又想了想,觉得什么也不用说,一如当春风吹过,万物沐浴其中,自然生机勃勃,绿满人间。或许有人问,春风在哪里?在那春风化育过的生命里。"

这篇《当春风吹过》写的是小思老师,以"春风"为喻,是有来历的,因为小思老师写她的恩师唐君毅先生,同样用的是"春风":"新亚四年,不断选修唐老师的课,很难捡拾具体例子来证明他怎样影响我。一阵春风吹过,万物便逢生机,又有谁能捉住一丝春风给人看,说:'这就是带来生意的春风。'"再往前,还有陈之藩先生写胡适先生,题曰"在春风里"。是的,大地上的良师,正是春风,"因为有春风,才有绿杨的摇曳;有春风,才有燕子的回翔。有春风,大地才有诗;有春风,人生才有梦"。

《在乎》的序言写得真好,保松先生说:"即使那个眼见的清晰目标不能当下实现,但由于我们活在世界之中,我们是世界的一部分,我们改变,世界就会跟着改变——即使这种改变看似微不足道,也仍然是实实在在的改变。"或许,我之所以喜欢《在乎》,不仅是因为其中所蕴含的师道与人情,更是因为著者的坚守与行走,希望如他一样,所思所行、所坚持的事情、所认定的价值,能走入自己的生命,并在最深的意义上界定身份和定义存在。

由"身份"与"存在"来看,今年遇到好几册非虚构作品,兴致勃勃地读下来,也很觉不错,值得推荐——郭玉洁《众声》、黄灯《大地上的亲人:一个农村儿媳眼中的乡村图景》、袁凌《青苔不会消失》、卫毅《寻找桃花源》。年底读到一则留言,是多年前的一个学生所写的。

十余年前冷老师午休时给我们读《小猪唏哩呼噜》的场面历历在目,我们小学的同班同学一部分现在都还有或多或少的阅读习惯,冷老师从幼时对我们的影响无以言表。

"你做三四月的事，在八九月自有答案"，哪怕答案来得更晚，乃至不来。功不唐捐，我读书，学生读书，我们就永远在一起。

四

《书到今生读已迟》，黄德海的新书书名击中了我，太实诚。还记得当年他编金克木文选，叫《书读完了》。凡俗如我，迟早莫论，亦难以读完。书，太多了。这一年，留在心里的好书还有葛兆光《余音：学术史随笔选1992—2015》、云也退《自由与爱之地：入以色列记》、A.S.尼尔《尼尔！尼尔！橘子皮！》、张学青《给孩子上文学课》、朱天心等《昨日当我年少时》、杨早《早读过了》、周公度《食钵与星宇》、余世存《先知中国：中华文明轴心时代的伟大智者》、梁鸿《梁光正的光》、王璞《我想变成一本书》……我参与过几次专题研讨，做过好几次系列书的研讨：E.B.怀特的童话与散文、圣埃克絮佩里的《小王子》《人的大地》《夜航》、汪曾祺的《晚翠文谈新编》《汪曾祺书信集》、五味太郎的散文集子。作为"百班千人"读写计划公益读写行动导师，我读了不下三十册精彩童书：《神秘的日落山》《教堂老鼠的大冒险》《古灵精怪动物园》《黄花梨棋盘》《穿堂风》《青云谷童话》《纸飞机》《时光收藏人》《海底隧道》……有时整体推进，有时零敲碎打，书山有路，不亦乐乎。换个角度来看，这么多书品不同、类型各异的书，带给我最大的好处是什么呢？想来想去，那就是通过这种非常私我的、绵密的内在对话，感觉到自己更像个"完整的人"。

评论家哈罗德·施韦泽在《论等待》里写道：

我们之所以不再奇特，不再孩子气，泯然于众人，是因为我们越来越相似，互相可以替换，互相疏远，淹没于外在身份的模式中，急于建功立业（与慢慢逗留正相反）。当我们悠闲自得、怡情于时间之中时，我们就有了奇特性；我们在快节奏的生活中疲于奔命时，就失去了奇特性。艺术的时间性经验对我们来说，最重要的意义就在于使我们学会怎样诗意地栖居。

　　这是艺术的经验，也是阅读的意义。一年将尽，觉得自己可以有一些别于他人的"奇特性"，愿意拥有一张诗人布罗茨基念兹在兹的"表情独特的脸庞"，没有比这更让我欣慰的发现，毕竟，这是人之为人的重要使命。青年写作者卫毅在《寻找桃花源》里写道，每个人心中，都有一个桃花源，也许永远无法抵达，却从未停止寻找。想来，我也不过如此，虽然这是最最遥远的路程，但是，我的读书、我的思索、我与读书有关的一切生活，无非也就是寻找心中的桃花源，寻找那一个个豁然开朗的自明性时刻。

假如你有一卷在握……

近二十年前买到《阅读史》，之后多次重读，每次都感觉是在读一本新书。阿尔维托·曼古埃尔用他的这本书，架起人与阅读之间的一座桥，当中时有欢欣，常有受益，更把我愉快地度到"阅读"那一边。

《阅读史》的书名里有一个"史"字，却不是一本史学著作，更像是一部阅读笔记。著者围绕阅读这件事，写了与之相关的多个方面——发生与发展、变化与消亡。著者并没有沿着人类阅读活动的历史轨迹去做一个断代划分，把阅读历史的具体演变过程讲出来，而是将自己放在一个读者的角度，去观察、去追问、去研判。《阅读史》就是一部独特的个人阅读笔记，既是很庄重的阅读文化史，又是很有趣的个人阅读经验史。阅读这本书，确实能够体会，凡是奔着一个"正题"而去的阅读，可能会很乏味，真正的阅读的道路，就应该像曼古埃尔所展现出的，阡陌纵横，鸡犬相闻，时时有旁逸斜出之趣味。这，也就是《阅读史》的趣味。

谈论《阅读史》，我想从本书收录的一张老照片说起，就是那张著名的《废墟上的阅读者》。第二次世界大战期间，伦敦大轰炸之后，图书馆被炸毁，屋顶被掀掉，书架还立在那儿，三个男子在书架前或寻或找。曼古埃尔把这张照片放在了全书的最后，"他们不是选择书籍而轻忽外在世界的生命。他们正在努力坚持，以对抗眼前的厄运；他们正坚持着一个平常的发问权利；他们企图再一次发现——在这废墟之中，在阅读偶尔赐予的惊人报酬中——发现一种理解"。这本书就结束于这几句，这几句就是理解《阅读史》的一把钥匙，它再次向所有人表明，阅读确实就是一座可以随身携带的避难所。《阅读史》也就是曼古埃尔在待过无数个避难所之后，穿行在古旧的岁月里，从读者的历史、个人经验的历史，跨步到阅读活动的历史，从各种各样的著作当中，一点一滴考古，用一份份实物影像作为佐证，通过文字的重新拼接，构建起对于人类阅读的理解路径。曼古埃尔气魄宏大，视野开阔，材料丰富，而且，他的书写极有密度，在无休止地追问，这就是履行自己作为一个读者的发问的权利。

于我而言，《阅读史》带来了很多对阅读的崭新认识。

第一个是发现历史。回过头来看看阅读，今天的人们已经习惯了捧起书就读这个事情，若往回追溯，放在更早的人群那里是否有不可解之处呢？比如，为什么见了纸页上的那个字，就能明白它的意义？这里面其实牵涉多个领域，那个字会被我看见，并识别它的形体，这是眼睛的功能；接着大脑做出反应，让人能够知道它的意义，这是脑神经的功能。古人在这上面也会不断琢磨。本书第二章《阅读黑影》就讲到，古代哲学家、科学家提出一套又一套理论。比如说有一道火焰控制着我们的眼睛，这样的火焰可以穿透到外面的世界，让我们能够看到外面所有的东西。从亚里士多德提出的一些理论，一直说到最新的脑科学研究，不长的篇幅串起了人类两千年的阅读功能探索，让人情不自禁感慨又感叹，真觉得可能正是这样的好奇、专注和探索，才使得人类作为一个种群在这个世界上存留下来。事实上，直到现在，人类距离解开阅读之谜还很遥远。美国研究者胡耶就承认："彻底分析出吾人在阅读时的整个心智运作，几乎就是心理学家的巅峰成就，因为这需要能够对人类心智中许多最错综复杂的运转机制作出描述。"

再比如，现在人们的阅读基本都是默读，但这样的习以为常却不是历史的常态，默读真正开始在西方普及，是从公元 10 世纪开始的。在此之前，更多时候阅读要么是大声朗读，要么是听别人读。书中提到奥古斯丁《忏悔录》里的记载，他第一次见到了安布罗斯不一样的阅读，"他的眼睛扫描着书页，而他的心则忙着找出意义，但他不发出声音，他的舌头静止不动。任何人都可以自由接近他，访客通常不时通报，所以，我们来拜访他时，常常发现他就这般默默地阅读着，因为他从来不出声朗读"。奥古斯丁的大书特书，正好验证了当时的人更适应出声朗读的方式，在他眼中，安布罗斯的阅读方式如此新奇。

　　第二个是发现理解。《阅读史》里的讲述，让我懂得了阅读指向的一定是理解。理解是怎么发生的呢？《记忆之书》里就讲得特别有趣。原来，所谓的理解，最初总是跟记忆联系在一起。这一章里有关于拉辛的一则小故事，十八岁的拉辛在修道院上学，无意中发现了一本早期的希腊小说，是一部爱情小说，但他是一个修士，只能把书偷偷带到修道院旁边的树林里狼吞虎咽地读。结果修道院的主管人员出其不意把他给逮住了，没收了这本书，并且把它扔到了火堆里。过后不久，拉辛想办法又弄到了一本，结果也被发现，又遭到丢入火堆的惩罚。后来他又买了一本，就把整本小说默记在心里，把书主动交给气呼呼的修道院主管，"现在你也可以把这本烧掉，就跟烧前两本一样"。

　　当然，记住其实还不等于理解。彼特拉克在他的《秘密》一书里，虚构了与奥古斯丁的一段对话，由后者在背诵之外，更提出了一种真正促进理解力的阅读方法：

　　你在念书的时候，只要一发现让你感觉刺激或令你的灵魂欣喜的绝妙字句，不要只想凭着你的智慧力量，一定要强迫自己用背诵的方法记住它们，并以思考来熟悉其内容，以便苦恼之事紧急发生时，你随时都有疗药可治，好像它已铭刻在你的心灵之中一般。只要看到似乎对你有用的段落，便画下醒目的标记，这大大有助于你的记忆，不然的话，它们可能会飞得无影无踪。

这种崭新的读书法强调，读者从中获取一个观念、一句警语、一个意象，把它和保存在记忆当中的遥远文本相互连接，再把这一切与自己的反思扣联起来，由此产生了一篇由读者读出来的新文本。从此，阅读就有了新的依托与方式。渐渐地，读者也就更能提供大量的个人式的人文主义观点，将阅读的行动限制在自己的亲密世界与经验里，以个体的权威来对各种文本发表意见，阅读也就越来越精彩，越来越多元。

第三个是发现趣味。书里有一个章节讲"聆听朗读"，非常有意思，一下子就跟当下大行其道的各种音频节目，或者《朗读者》这样的电视栏目接上了。阅读之前，我不知道19世纪末的巴西和美国就已经有一种职业是"朗读师"，专门负责给商人们读故事。还有一个是"图像阅读"。今天，很多大人都乐意给孩子阅读绘本，某些精美的绘本成了阅读里的贵客。而在中世纪，"图像阅读"是属于那些不识字的信徒，或者更穷的信徒的，是为了给他们的阅读降低难度的，那些图像书籍被称为"穷人圣经"。谁能想到，历史的车轮滚动，"听人朗读"与"图像阅读"，在几百年后，获得了极大的新生与反转？

最后，应该是最重要的，就是发现力量。力量来自书籍，力量来自读者，力量来自阅读本身。书中每个章节都能让读者产生强大的行动感与反抗感，阅读起来，反抗平庸。曼古埃尔引用爱默生的说法，"会读书的人应该是一个发明家"。这句话也是在提醒我们，一个发明家善读书，能把书读多，能把书读厚，他会运用自己的力量，放出自己的眼光，努力地去找一本书，读自己想读的书。这个世界上无书不可读，关键是你怎么去读，怎么去理解。书籍有力量，但读者更要有力量，阅读就是发明。

好比坊间时时传出一份又一份书单，对于它们，需要留心，乃至警惕，而不能全盘接收，必须经过使用者思考与辨析，联系各人对自己或孩子的了解，动手动脑，选出一份独特的合适的书单。在曼古埃尔看来，这样的读者，才是真正的"宇宙的制定者"。是的，给书分类是重要的阅读权利，我们可以有很多种方式来与书对话：最近读的最悲伤的书是哪本？最让你喜悦的书是哪本？不同的分类其实是不同的思维方式，有的分类可能就分得让人很开心、很投入，有的分类也许会很枯燥、很无味。要知道，有多少种分类，读者就可以获得多少种阅读的宇宙。

曼古埃尔漫游于阅读的丛林，在到达旅途终点时，他深情写道：

我们知道自己正在阅读，即使暂时停止怀疑；我们知道为何而阅读，即使不知道如何做，仿佛，我们的心灵同时怀有引起幻觉的文本和阅读的动作。……我们锲而不舍地阅读，就像追踪者，过于专心而忘记了周遭的环境。我们心神不专地阅读，跳页。我们轻蔑地、赞叹地、疏忽地、忿怒地、热情地、嫉妒地、企盼地阅读。……我们在缓慢、长久的动作中阅读，好像漂浮于太空，没有重量。我们充满偏见、心怀恶意地阅读。我们慷慨大方地阅读，为正文找借口，填满漏洞，修正过失。

所以，永远不要问为什么阅读，不要问读了以后可以得到什么，只要去读就好了，因为"阅读是为了活着"（福楼拜语）。只要活着，就不得不阅读。假如你有一卷在握，你的个人"阅读史"就开始了。说到底，你，就是你的阅读史，你能真正拥有阅读，那才是真正拥有了你自己。这，正是阅读对所有人的最大也是最高的意义。

读读写写过日子

题记：读读写写过日子，是我一个素朴微小的梦。出发久矣，莫忘初心，且读且珍惜。

7月15日

算起来，假期已过去四分之一。装修走动三两天，阅卷一整天，改稿三两天，职评禁足三天，工作室会议一天，断续休息三两天……这会儿，报告交了，电子稿发了，某些事结了，那些未结的且不去管它。现在，该做些什么？

昨天下午看到林俊颖的《我不可告人的乡愁》，之前还以为收到箱子里了，原来还留在书架上。取出来看，硬生生读了第一章，约莫不为我所喜。只是，这书名我喜欢得很。渐渐离开田园的我，是否还留着那珍贵的不可告人的乡愁？

下午有些书会到，我想好了，首先读张新颖的《沈从文的后半生：一九四八～一九八八》。

7月19日

18日竟然去了趟上海。一天来回。

清早5点半还在家里，11点前已经在车来车往的广纪路上。若是在古代，这六个小时的路程怕得走上六天六夜，甚至不止吧。脑子里一下子浮现起贾樟柯的话：

  为什么我想拍古代，因为我对古代的时空特别感兴趣。我是1970年出生的，那时候我有某种古代的生活的感觉。……最主要的是时间感。时间感跟空间有关系，因为你移动不了。比如县城边上一天有一两班长途汽车驶过，你根本没有机会坐，人都是不移动的，都是固定的，去一个远方是很难的一件事情。我一直到上高中，我都可以把上午和下午分为好几个时间段，不像现在在北京，一下就到晚上了。那个时候，可以分为午睡前、午睡后，午睡起来去学校，然后，学校两节课之后，下午都可以很精密地分成很多段。我特别留恋那个时间感，还有那种不能移动的禁锢感。……今天我们移动是特别方便，但是古人就不是这样。我特别着迷这时空感，包括没有通讯工具，人和人之间的联系并不像现在这么方便。

  怎么说呢？现代人的"方便"里头，也失去了很多期待感、伤痛感、惊喜感、珍惜感。而这些，统统都是生活不可或缺的生命感。又想到柏桦那首慢悠悠的《在清朝》，其中一节云：

  在清朝
  诗人不事营生、爱面子
  饮酒落花，风和日丽
  池塘的水很肥
  二只鸭子迎风游泳
  风马牛不相及

7月22日

上

从昨天上午到今天上午，紧着读张新颖先生新著《沈从文的后半生：一九四八～一九八八》。其间几度落泪。近中午读完，胸中无限感慨，却什么也说不出。只想着等搬家以后，纸箱中《沈从文小说选》重回架上，一定再好好读。

真是喜欢沈从文先生，总觉得自己的个性里就有与他趋同的地方，特别是某种深藏于内的"软弱"。当读到先生一句"不知为什么，在那个悬崖上站着，竟只想哭哭"时，实在有感同身受之谓。为什么呢？说不上来。依稀记得，上师范后正经读的第一本文学书正是百花文艺出版社的《沈从文散文选集》，这是参加团委某项征文的奖品。还记得在高邮师范学校宿舍，书搁在皮箱上，一边读一边画，大段大段画，《一封未曾付邮的信》《我读一本小书同时又读一本大书》《云南看云》……半通不通地，就画了过去。直到现在还能记起，当时读得最激动、最觉深刻的是《箱子岩》文末。

二十年前澧州地方一个部队的马夫，姓贺名龙，一菜刀切下了一个兵士的头颅，二十年后就得惊动三省集中十万军队来解决这马夫。谁个人会注意这小小节目，谁个人想象得到人类历史是用什么写成的！

——或许，在我并不野蛮生长的当儿，这本书同样驯养了我。

《沈从文的后半生：一九四八～一九八八》，好书。扉页所选录沈先生一九五二年书信一节，极好。

万千人在历史中而动，或一时功名赫赫，或身边财富万千，存在的即俨然千载永保……但是，一通过时间，什么也不留下，过去了。……另外一些生死两寂寞的人，从文字保留下来的东东西西，却成了唯一联接历史沟通人我的工具。因之历史如相连续，为时空所阻隔的情感，千载之下百世之后还如相晤对。

  学院中的文学评论者，我尤其喜欢这两位：王德威、张新颖。对了，可以再加上一位严锋。
  说到严锋先生，前几日在微信里见到他《知音》一文，还是一如既往读得愉快。辛丰年先生与编辑李章先生有二十多年的交往，现在二人书信往还结集为《书信里的辛丰年》，《知音》正作序言。夏日炎炎，读这样的书，一定清静又清心。希望快快读到。

<h2 style="text-align:center">中</h2>

  念念下午做数学题，遇到一道"书法小队"：有20支毛笔，已经来了12人，还有9人马上就来，问剩下的毛笔够每人一支吗（感觉这个"吗"伪善又狡诈）？她一下就嚷起来："这个'书法小队'我在学校里做过，在考试时做过，在家里也做过好几次，今天又遇到了！"
  我听了不禁哈哈笑，小小年纪，也觉察到"应试教育"的枯燥和无聊啦？

<h2 style="text-align:center">下</h2>

  是《道济群生录》，还是《自由的进化》？"举书不定"的时候，瞥见搁在桌上塑封未拆的《致理想读者》。嗯，好吧，第三条道路。
  下午就翻完了。
  李敬泽的不少评论文字还是喜欢的，但这一本，让我略许失望。

既不是因为只是文章的选编,也不是因为书中误字甚多,怎么说呢?是因为读着读着,觉得著者缺了一些以往的真与诚。但他自己肯定不这么认为,因为书前特地选了他序中的一段文字,以示其心迹。而从这一段看,他必定十分真诚。

现在这本书,首先是写给我自己的,我自己并不是那个理想读者、那个深刻地理解文学之价值并且能够恰当贴切地领会文学之精义的人。我想探讨的是,我如何成为这个人?这个人,他在这个时代是否可能和如何可能?

我说他缺了一些以往的真与诚,大概就是觉得这段话其实已经将其放在一个蛮高的位置。"我如何成为这个人?"这意味着他已经成了这个人,而这个人现在足够与普通读者拉开距离。虽然他谦虚地说自己并不是理想读者,问题是书名是"致理想读者",他又说是"写给我自己"……

当然,有些地方还是会引起我思考或者让我对之有感触。我折了两处。其中一处是说他在飞机上读的一本小说——《长崎》。内容不复述了。李敬泽说:"这个小说探讨的是,人可能永远不知道他的房子里、生命里是否有那么一个壁橱。比如那个男人,他忽然发现,他竟然和另一个人有着那么密切的关系,原来不是别人闯进他的家,而是他住在别人家里。"

我就想到,其实我现在住的地方,五年前还是大块农田,就是往北不远的杨坝村很多户人家的田地。后来,农田被出让,变成马路、门面、商品房(还有个洋气的名字叫润丰花苑,原来农田是没名字的呀,它们喜欢吗)。那些农户告别了农耕生活,这如何又在多大程度上影响了他们本来的生息?当他们从这条路上走过时,他们是否会想起,甚至会停下来:"哦,这儿原先是我家的地。"而我,其实也应该常常记起，我现在住在过去某个时候属于某个人家的地里呢。而这个过去，一点儿都不远。

（从这个"变迁"的角度切入，前几日翻完的韩松的《宇宙墓碑》为何颇得我心，便迎刃而解。）

《致理想读者》分为五辑：脉络、视角、勘探、影响、理想。分类、组合及各辑命名，倒很不错。要不，晚上，再翻一遍。不然，是《道济群生录》，还是《自由的进化》，又要"举书不定"了。

[补]

无意中看到新闻，今年的上海书展下午开了第一场新闻发布会，今年的时间是 8 月 13 日到 19 日。哦，要是能去多好哇，开开眼，还有，现在想读的书有一串，网店若有，也是预售。估计书展上会亮相吧。

7 月 23 日

上

昨晚遇上《开卷八分钟》豆列，有阵子没看，上下翻翻，才知道小思女士年初有新书《纤夫的脚步》出版，文道先生在 5 月 12 日的节目中予以介绍。

《纤夫的脚步》一篇是小思 2003 年的一次演讲，读不到全文。只言片语，已让我深深心动，认同之下更有点点心痛。

下

期待已久的澎湃新闻网昨日上线，老早就订阅了澎湃新闻微信公众号，昨天第一时间就收到了邱兵的发刊词《我心澎湃如昨》——有文艺有情怀，严锋在微博上直呼"碉堡了"。欣喜读完，我心澎湃，非常喜欢。

上午将《致理想读者》重翻一遍，有新的观感。昨天略有不喜或许就是因为李敬泽虽不认为自己是"教父"，但实际上是有"教父腔"的。今天再翻，不能不说，李敬泽除了确实拥有"教父"资历与"业绩"外，他在书中对当代文学的把握，是敏锐而深刻的，他既能看到问题，也能说清他对问题的思考与应对，并且不遗余力地解说他所认定的"文学"在这个时代、这个世界应有的面向、坚守、担当。

李敬泽多次讲到"感受"，比如，回答有关《人民文学》"非虚构"栏目的问题时就有一段话：

事实也不能天然地保证真实感，这就有了人们对非虚构的另一重理解。它还是一种作者在场的事实，作者把自己真正放进世界的风雨中去，直接感受、认识、反思。这不是一个"现场感"的问题，而是作者的心在不在、身体在不在的问题。对于当下的语文课堂，"文学""现场""感受力"，应该是必然且必要的支撑。

整个下午，囫囵翻完张万康的《道济群生录》。就文本而言，若用网络语，直是天雷滚滚，我被雷得外焦里嫩，又不能不竖起大拇指，张万康，着实牛人。到底怎么说？还是不要说了，观书可得。书有序论，乃王德威先生所作《我要我爹活下去！》，单引一节：

我们很久没有这样看小说的经验了。《道济群生录》是本悼亡之书，但写来如此不按牌理出牌，以致让你欲哭无泪，反倒骇笑连连。作者——好巧，也叫张万康——直面自己和亲人生命最不堪闻问的层面，同时又拉开距离，放肆种种匪夷所思的奇观。张万康笔下有大悲伤，也有大欢喜，临到生离死别还不忘嗑牙搞笑，这让我不由得好奇是怎样的一种小说伦理在支撑他的创作演出。

《道济群生录》看上去几乎是网络小说的面貌,"修仙神魔大战",荒诞不经,上下不靠。可是,有哪一部念念叨叨、时常烂尾的网络小说抵得上这部小说里丰赡的生命与人性?那些或让人喷饭或怪异的,是想象力的不羁与奔放,是文学给予我们的最好奖赏。"异质感",完全异质感。大概,这"感"还是寄托在这"人"身上。张万康,一定是个超有意思的人。无怪朱天心是这么说的:

"我,诚愿意以多年阅读、写作的一点点信用,赌徒似的全数押在张万康。"

天哪。

7月24日

上

用了大半天,又把《道济群生录》重读一遍。

这一趟,方穿过悲喜达至生死,到底,书至第九回,万爸已然被观音接引,往生极乐……但全书五花八门、蹊跷八怪,确实"谑而又虐",不由得我们不好奇"是怎样的一种小说伦理在支撑他的创作演出"。

无端想起"精神病人思维广,弱智儿童欢乐多"一语。

人的内心,还真是想走多远,就能走多远。

下

念念整日捧着 iPad 听微信公众号博雅小学堂推送的"说给儿童的中国历史"。这是台湾小鲁社的作品,以魔镜公公、沙沙、仔仔三个人串起一则则中国历史故事,有旁白,有对话,有故事,还有讨论,配以音乐——多是传统曲调,嗯,等于是一则则广播剧。这两天在听《鸡鸣狗盗》,前一阵子听《正气歌》《十二道金牌》《向烟说"不"

的林则徐》《青龙桥车站旁的铜像》，认识了文天祥、岳飞、林则徐、詹天佑，痴迷之下，不停地问有关文天祥的事迹。我还真没料到"说给儿童的中国历史"把她对历史的兴趣勾得如此热烈，以前我还真不在意（我对儿童阅读的认知还是狭隘的），情急之下，趁着当当网搞活动，买了一套《吴姐姐讲历史故事》。书刚到的第一天，我就把有关文天祥的篇章读完，搞得我像参加先进事迹报告会，声情并茂、用心专矣读得够呛。后两天，她倒也把《过零丁洋》背上了。虽然这是讲给小孩的故事，但我这个大读者也有收获，具体浏览了文天祥一生的事迹，也确实感受到了文天祥真正是汉族知识分子的脊梁，了不起！书里有一段，是说文天祥自高邮脱逃，小舟独立，星夜遥望，未知前路几何。忽而内心触动，这一幕不过八百年前，如今换了时空变了容颜，文丞相那凝视未来的目光，是否依然落在某个地方？

这会儿正在播放《鸿门宴》。好似八点档历史剧演个不歇。

天热得可以，午后凭空一阵大雨，略微消散些暑气，只是现在，又艳阳高照了。

7月25日

红蜻蜓

红蜻蜓，真勇敢
风吹了，草晃了
我心想：
快走哇，快走哇
可是，它不走
我又想：
你再不走

风就会越来越大

非常可怕

我没办法

我走啦

　　傍晚与念念到小路上散步。田埂上，一只红蜻蜓始终歇在一棵豆茎上，我们对它拍了好几张照片，它都不走。它通体透红，那红是油油的，似乎在流动。它静静地歇在那里，风已把豆茎吹得晃来摇去，它仍不走。如此执着，如此坚定，不知是为何。

　　回去的路上，念念说，刚刚的红蜻蜓，我可以为它造一首诗。我说不是"造"，是"作"，你作吧，我给你记下来。

　　下午读完了莱姆的作品《索拉里斯星》。故事最后，凯尔文在大海边，与拥有智能的海浪"沟通"，最终，"我凝望大海，渐渐沉入难以到达的无序之境，在不断增强的迷惘之中，我与那液态的、没有双目的大海融为一体，无须任何努力，无须任何语言，也无须任何思想，我已经原谅了它的一切"。

　　想起了木心先生的句子："不知原谅什么，诚觉世事尽可原谅。"（《杰克逊高地》）

　　《索拉里斯星》，乃一部伟大的作品。"一个人出发，去接触另外的世界，去了解其他的文明，但其实并没有彻底搞清自己的内心世界，哪里是死路一条，哪里有陷阱，哪里是漆黑封闭的大门。"太棒了。

　　下午由单向街书店的公众号得知，连清川先生的读书文章结集为《不合时宜的阅读者》，记之。

7月26日

　　硬生生把丹尼尔·丹内特的《自由的进化》推进两章，至82页。

哦，几乎不知其所云，直接怀疑自己心智不健全，因为这本书是与"心智"相关的。

把第一期《新知》翻出来，里边有史蒂芬·平克一文《何为心智》，重读。

7月27日

还是史蒂芬·平克亲民，《何为心智》，不敢说懂多少，至少能读下来。莫非，杂志就是杂志，登出来的都已是普及版？

三年前的阅读札记曾有言：

我一直感觉，国内的阅读教学研究这一块，缺少脑科学的相应背景，对（头脑中）学习原理与阅读原理缺乏相关了解与相关对策，当然中文有其表意、直感的特殊性，但就研究而言，这一块也不应长期无感。如果没记错，台湾的曾志朗先生就是认知心理学专家，对语文教学，他就做过脑科学、神经学方面的研究。很久以前曾买到一本张必隐的《阅读心理学》，还没了解此书价值，即被人索走。

平克在文章里说：

心理学不仅仅有助于解决实际问题，而且随着知识内部联系的增加，它也跟其他的科学和学术领域日益交织。

只是，从心智科学的角度研究阅读学或阅读教学，到现在也没啥进步。而我也有些明白，我若想"开展"这项研究，并无太多可能。当然，这倒不影响我读这篇文章或者某些书，还是平克说得好，"就算我们对心智的知识没有这些应用，我相信它也能加深我们对自身和生活的经验"。

平克的文章里也有一组讲"进化"的,所以,《自由的进化》,不能放弃呀。

下午开读景凯旋先生的《被贬低的思想》,由广西师范大学出版社上海分公司赠。这是景先生至今唯一的随笔结集,2012年10月出版,豆瓣上至今有32人评价,分数高达8.9。常常在《随笔》杂志上读到景先生的文章,当时也知道此书出版,却未购读。

到底是翻译过昆德拉,又研究"萨米亚特"文学,景先生的文章自有思想的深度与观察的锐度,行文也有气度,自序不过二页有余,却是相当精彩,末节我尤其喜欢,他感谢编辑为集子提供出版机会,让其"在浩如烟海的图书中占据一个角落,等待着读者的眼光",只是,"时间会销蚀一切,此书的命运也将如此。萦绕在我心头的始终是一位古希腊诗人的诗句:'那西沉的永远是同一颗太阳。'"

嗯,触动如此之大,大概也是私心所系。

《明亮的对话:公共说理十八讲》暂未续上,先在这里,明亮地对话。

[补]

下午无意搜得"读书好"APP,简直得了意外大礼,开心安装。最新一期是书展特刊,邝颖萱撰编者的话,题曰"世界喧闹 我们读书",寥寥数笔,自在从容。

嗯,世界喧闹,我们读书。

7月28日

在微信上偶遇《百家作文指导》旧日主编王庆祥先生,先生是雅人,微信号曰"茶当酒"。意外相逢,赶紧问候。

冷：兄长周末愉快！

茶：小冷，你好。

冷：握手！兄长别来无恙！

茶：尚好，劳贤弟记挂。你怎么样？

冷：还是小语教师一名，前几日整理书报，翻出杂志彼时所做封二，一时无语，都好些年了，谢谢兄长当年鼓励，可惜小弟至今也无甚进步。惭愧。

茶：杂志停办，我到学院高教研究所，等着变老。常读你的微信，贤弟视野依旧开阔，思考仍然深刻，受益良多。

冷：嗨，兄长这前一句都像沙子龙先生"不传，不传"了，其实兄办刊中有大多作文期刊不具备的文心一脉，我很喜欢，只是这气候，直奔小时代，奈何。若有机会，还是很愿意与兄长一起做些可能的事情。兄过奖了，只是胡转，兄看着有收获，再好不过！

茶：我尚记得封二你的照片"最是那一低头的深沉"和身后的那面书墙。时光真快。

冷：哈哈，兄长一点儿没记错。只是更惭愧了，好不容易上个重要版面，连正脸都没有。嗯，时光实在很快，好在书墙还在。今天下午瞥见"读书好"新一辑发刊，《世界喧闹 我们读书》，兄长言及此，这会儿倒想起来。世界虽大，遥远处有兄长这样的读书朋友，也不寂寞。

茶：你当时寄我几张照片，这一张最传神。世界越发喧嚣了，我也更加慵懒。早年切切的心，已在尘世中变得粗糙和麻木，懒得拂拭，这很不好，但也没办法。

冷："在这个大众写作的时代，古人追求的疏离已经是一种很珍稀的品质了。"兄长不必介意，在大地上我们有且仅有一生，就按尘光中本来的样子过完这一生，很好的呀。时间是个老好人。兄长有什么用得着，尽管招呼。有机会再与您长聊。夜安！

茶：好的。我们都好好的，和时间老人一路走下去。晚安。

往复中旧日光阴，倏忽掠过眼帘。与兄长道别时已 11 点。时光从来经不起时光催促，一起变老。

7月29日

今天上午接到微课审核员的电话，背景、字体等要求出新，原先做的不符，须再改。根本懒得再重来。上级领导推广此项工作，可是，理念未把握，不能弄清什么才是真的"翻转课堂"，无非又是假借"资源建设"搞一堆信息垃圾。所以，看到八月兄长在朋友圈推介《翻转课堂的可汗学院：互联时代的教育革命》，虽未见书，已觉其重要，"互联时代的教育革命"，这个还得从可汗本人处习得。

说到"教育革命"，中午接到博雅小学堂老师的邮件，说念念朗读的《郑伯克段于鄢》音频收到了，还要了两张相片，下午就由公众号推送出来。我趁热打铁，与念念在荔枝 FM 开了个人电台"和念念一起读书"——这个名字我琢磨半天都不着调，结果她自己报一个，说就叫"和念念一起读书"。呀，这太合适了。不承想，小姑娘还有点儿慧根哪。现在，就等着小主播上节目了。

单看发生在念念身上的，即使这样的小小事体称不上"教育革命"，但在互联时代，"教育"实在不是一个封闭的事情了。

下午读到南桥先生的文章——《语文教材更缺的是营养而非情怀》，非常认同。我就时常想，只要简单一问，不管是面向教材编者，还是面向普通读者：假如现在的语文教材不是教材，只是本普通的书，你在书店见着了，让你买回去做课外读物，你是买还是不买？反正我不会买。我甚至觉得其能否出版都有疑问。

但我也想，营养与情怀，是两码事。民国老教材与当下小语教材比是一回事，将民国老教材放在更久远的汉语言文学中，其之于语文学习，又是另一回事了。

《外滩画报》有一篇文章讲做书的人——书籍设计师，好看。设计师友雅提到了吉米·哈利的"万物"系列。啊，这一系列几册我都收下读过，美好书籍，美好回忆，美好人生。

7月30日

看上海书评的微信公众号，今天的推送有傅月庵先生的一篇文章。说是一篇，其实是三篇短文，原刊于7月27日《东方早报·上海书评》。我喜欢傅先生，他的文风雅淡、温文、幽趣。

读书是个好事情，读着读着，人总会更加像人。

8月6日

今天读完耿占春先生的一本小书《回忆和话语之乡》，广西师范大学出版社2003年版。周益民老师甚爱此书，多次推荐。确实好。深邃的死生记忆，直白的亲情言说。

8月7日

今日立秋，惊雷阵阵，雨落纷飞。

上午将书架上部分书籍装纸箱，抽出一本《童话庄子》，前两天在《吴姐姐讲历史故事》里才碰到庄子其人，问念念要不要看，我说之前已经给你完全读过一遍了。她想想，说先留着吧。回头她顺过去一看，大呼，庄子就是那个"庄子"啊！我听不明白。她解释道："我一直以为这是《童话庄子（zi）》，而不是《童话庄子（zǐ）》。"

"童话庄子"，童话的小村庄，很不错嘛。这倒让我想起了林格伦的"吵闹村"。

雨越下越大，读书间歇，念念走到窗前，有只蜻蜓停在窗台上，一动不动。她说是在躲雨。我一看，还真是。她又看到一只叮在纱窗上的苍蝇。我想想，说，你看，这可以写一首小诗。我和她一起，她一句，我一句。

下雨了
我家窗台上
小蜻蜓来了
小苍蝇来了
小蜘蛛来了
它们在
躲雨

（我之后说"小蜻蜓来了"改成"来了小蜻蜓"更好，音节更丰富。"小苍蝇来了""小蜘蛛来了"也如此。）

寒假时郭初阳老师拜托出版社寄赠《一个独立教师的语文之旅》，竟然到暑假里的今天才翻完。书中，兄长引用了保罗·瓦莱里的话：

唯有带着某种很个人的目的，才能很好地阅读。也许是为了获得某种力量。也许是出于对作者的憎恨。

呵呵，拖延这么久终于读完，我是哪一个"也许"？

今日立秋，天色黛青，雨落纷飞。谁此时孤独，就永远孤独，就醒着，读着，写着长信。

8月8日

中午又读完《谁说没人用筷子喝汤》。这也是昨天装箱子时捞出来的书。再读里面的那些故事，感觉全都好像新的一样。

三天前的中午，杨校来电，有刊物与他约稿，他转过来跟我要。晚上我把一篇旧文重顺了几句发给他。他那天说不要拘泥于课堂什么的，要有大的方面思考，也可以。今天再琢磨琢磨这些话，若有所悟。我是忽左忽右，极左极右。以前服膺"想大问题，做小事情"，还会对大问题说说看法，哪怕发发牢骚。现在似乎全无了前半句，总磨磨叽叽些小话小题，最终连小事情也没做。

登微信，上微博，点"澎湃"，发现好多条都是关于书展的。时间过得可真快。

8月9日

8月5日，朱永通老师在微信上传了一篇《助力青年教师成长的6本好书》，我见到后顺手转了，还附言道：

对"脑神经"那册尤感兴趣，它让我想起前阵子在《新知》上读的平克的《何谓心智》。

所谓"脑神经"是指《教育与脑神经科学》。附言之后被程晓云老师看到了，她立刻作复："送你一本。"

今天中午，书就到了；今天傍晚，书就读完了。

这本书是美国科文出版社遴选旗下研究者专著篇目编辑而成的，分三编：不断发展的人脑——关于大脑的通识教育；大脑研究与学校教学——大脑研究与学校教学关系考察，并有很多使用建议；与各类大脑契合的教学策略——将教学行为落实于大脑。整体而言，这是一本立足于大脑（使用）的教学策略书。没错，书中很多策略可以证明，目前的学校教学行为是与大脑天性背道而驰的，用第二章《儿童之脑》的作者罗伯特·西尔维斯特的话来说，就是：

或许他们更关心的是教一丛树而不是教一群人。

那么，如何更好地面向一群人而不是一丛树？读读这本书好了。不少策略并不复杂，只要有对人的尊重与对大脑的一些了解就可以运用。比如说，你一定要知道青少年上课时对教室后面传来的某个学生腋窝咯吱咯吱声的兴趣，绝不亚于对教师正在讲的光合作用。知道了这一点，你就不应该再为他对"腋窝咯吱咯吱声"的兴趣而气急败坏——那是大脑的事情。最重要的是，你要让你的"光合作用"对他产生最大的吸引——那也是大脑的事情。

下午还翻完了景凯旋先生的《被贬低的思想》。作为在当下公共领域并不活跃的学者，景先生的这些文章厚重、深刻，坚守"常识的立场"，令人感佩。

中午与念念读《蹇叔哭师》。晚上又听她读第一节一遍，半晌，她说道："我有两个问题。"听她问出来："一、杞子明明说了，他掌北门，那么秦兵应该一打过去就赢啊，怎么输了呢？二、秦穆公根本就没听蹇叔的意见，那开始何必要来问呢？"问得好。之前正好读到——顺畅地阅读复杂文本要求掌握三个相关联的技能：（1）具有解析文本的探究意愿；（2）具有抗拒干扰的思考能力；（3）具有促进深思的开放思维。

阅读，从来都不是简单的事情。

整理书架时落出一张相片，是某年春天在永丰学校调研时所留。相片上一字排开九个语文人，一期一会，九个人重新聚首再拍一张合影，大概是不可能了。或许，正像歌中所唱："总要有些随风，有些入梦，有些长留在心中。"身后远远，正是春天，瘦的树绽放新绿，鸟的巢正在建设。回想，相片照在 2010 年。却不知，鸟巢会否依旧在，匆匆光阴已数载。

8月10日

楚尘文化微信公众号推送了一篇《禅师的初恋》，这是一行禅师的作品，很动人。

我把"维持我们之间的爱的最好的方式是成为真正的自己、好好地成长、建立起深沉的自尊"一句摘下分享至朋友圈，加了按语："禅师说初恋，我想的是亲子。或许世间之爱，皆通此心。"

我坐在那儿，反复想，听胡德夫的《最最遥远的路》。

这是最最遥远的路程
来到最接近你的地方
这是最最复杂的训练
引向曲调绝对的单纯
你我需遍叩每扇远方的门
才能找到自己的门　自己的人
…………

我坐在那儿，反复听，想了好一会儿。

8月11日

清晨 4 点半，预约的小货车到了。很快，三位搬运工也来了，将楼上七十多个纸箱搬上车，往县城。今天整整一天，就是开箱，无须验货，码齐上架。

只是效率很低呀。突然一本书跳出来，哇，好久不见，翻上两页！哇，又一本跳出来，想你多时，可就是没法弄出来，这下好了！拉拉扯扯，一天下来，还有三十余箱拥堵于地。人说书多为奴，我不敢说自己书多，但是一天下来，只恨为书所缚，精疲力竭，深有为奴之痛——再不想有下一次了。

两年前的10月底封箱。竟然就两年了。有些书当时读到半截，比如李静的《捕风记：九评中国作家》，就夹着书签生生断下；有些书，都忘了自己有并且还读过，比如周云蓬的《绿皮火车》……啊哈，读了便忘，又有何用？

8月12日

早上把手边的零散书籍也放进纸箱里，暂不封，随时可用，到开学前再说。主要是教育通识、语文课堂尤其是作文教学方面的书，《父子大学》一册留着，总觉得在思考《我的母语课》时用得着。

田国宝先生主持的微信公众号家庭学堂，最近有一组关于《美国语文》的评论，这会儿我写《我的母语课》评论，正好拿来读一读。

有一些书刊被压在架底，也露了面，比如2006年1月号《江南》，是胡说兄当年所赠。

这一期上，有刘海军的文字。

意外的是，傍晚登微博，无意中看到一位编辑转发了袁敏的一则博文，说的正是刘海军。原文为：

《束星北档案》出版已十年，十年来我一直在等待刘海军的第二部书稿《国学大师王献堂》。十年中，我大约只给海军打过七八次电话，小心翼翼地问书稿进程如何，每次海军都简短地回答，很慢、很难，我便不敢再问。想起当年他写束星北，15年的采访和书写，40万字的初稿出来后竟被他付之一炬，不能催，只能等。

嗨，这巧合得。总是这样，书缘，人缘。

…………

下午接到电话，知悉老家一位远房表婶自杀身亡，不知道是什么让她失去了继续生活下去的理由。一个人来了，一个人又走了。忘了上次是什么时候见到过她，却还清晰地记得她说话的声音，但这个人就走了，并且以如此委屈的方式。在死亡面前，一切都变得无比轻飘。刚下载了《2001：太空漫游》的电子书，开头说："每一个现在活着的人，身后都站着三十个鬼，因为自有人类以来，死去的人恰好是在世的人的三十倍。自从洪荒初开，大约已有一千亿人出没在地球这颗行星上。"

自己无非是这一千亿分之一，无限趋近于〇，一想到这里，便觉得所谓生命原来真是可有可无的东西。浮生取义，奈何，奈何。

8月14日

再读《父子大学》，挑了《自编课本》《语录》《问对》等篇，想想与念念所做的，更有时不我待之感。只是，自家力有未逮，在经典上要补的课同样何其多也。

王丽老师发来一篇文章，谈经典阅读的力量。她给吴蓓老师看过，吴老师认为非常好，让她发给"亲近母语"，她就转了过来，信中谦称不了解教育刊物，问我何处可发。我说反正《亲近母语》用定了，再想办法推荐推荐。只是文章类似报道，一般刊物不知道会不会接受。

文末王老师提了五点关于中小学经典教育的建议，附录于此。

一、经典教学必须适当集中课时，尽量做到每天都有所接触，使学生能够浸润其中，引发兴趣，形成学习氛围。如果按目前有些学校那样一周安排一节课，就容易像蜻蜓点水一样，这周学了下周忘，很难见效。

二、培养学生自学能力，充分相信学生的自学能力，放下架子，不耻相师，师生一起学习，教学相长。

三、少解释原文词句字义，多采取讨论的方式，尤其要抓住经典中的一些关键词，比如"忠""恕""仁""小人""君子"等核心概念，同时结合当下社会生活。台湾正中版《中国文化基础读本》每章后面均设计了生动活泼的思考与讨论题。

四、强调知行合一；学习经典是为了践行，要将"知"与"行"统一起来，避免成为夸夸其谈的"伪君子"。

五、选择编写中正、严谨的教材，给孩子一个好的起点。

其实在与念念的交流中，我还发现另一个重要方面，那就是，一定——做不到"一定"也尽量——要小班化，或者组建学习小团体。

8月15日

校长转来一份通知，是关于"特级后备人才"推荐的，又得做申报表，装材料。一年又一年，又没什么长进，大体相同的材料颠来倒去折腾一回又一回，下午打开表，抽出以前或新或旧的一沓沓复印件，整个人都不好了。

也没觉得念念读得有多好，但影响倒蛮大，肯定是沾了文本的光。如何与她读古文，博雅小学堂的老师来了好几封邮件，追问这个问题，并且说后台众多家长留言，非常关注。其实才开始做的事情，要是假装很有成绩并且写些自以为是的策略方法，很难为情，只是看来不说点儿不行，至少是得到了很多鼓励。

嗯，说到鼓励，念念的电台每有新节目，周益民老师几乎总是第一时间点赞，从不会落下。这三两天又多了楚笛老师，昨天与今天点赞不算，还特别留言了，昨天是问候念念同学，今天则说"听的时候就是苦于没有原文字出现"。呵呵，幸亏没有原文，今天一个地方断破了，"老人欲具饭饷之"，她一顿，读成了"老人欲具／饭饷之"——我免她劳碌，没有重录。好糗。

电台介绍里说读童话，读寓言，念念老问："寓言在哪儿？童话在哪儿？"我说："那得看你呀。"

8月16日

回看去年的札记，去年此时，正在读《村上春树，去见河合隼雄》。

下午继续编辑推荐材料，完全是将上次评审发还的材料拆开、打散，再按本次的要求，重新拼插而已。最终分为三册装订，交至打印店。

旧书架上全淘空了，拣出一份彼时的打印材料，《独立阅读》的一部分——《转型年代的文化生活："独立阅读"书系新书发布暨主题沙龙》，苏小和主持，王晓渔、凌越、刘柠、成庆，他们谈得真是好，点出了在这个转型年代个人独立阅读所应有并趋向的面貌，而在他们看来，阅读，正是一切价值观的起点。

成庆有一些话说得多么好，真正是修道者言。

"作为一个现代受过良好教育的个体，首先不应是一个专业人，而是有着良好知识视野的、全面的读者。

"阅读最终、最关键的问题是你能不能在生活中实践。

"对于很多人而言，如果一种阅读仅仅成为一种展示，那我想是有一些问题的，比如我今天跟你谈阅读了谁谁谁的小说，假如那里面的人跟你没有关联的话，我想这种阅读其实是一种属于文化生产性的消费。

"我发觉现在很多的大学生，或者是年轻人读书有一个问题，看到这个书大家都在说，都在谈，但是其实它跟我没多大关系，于是读了就读了，似乎对自己的生命也没起到多大作用。

"我们今天阅读不是文化生产行业需要我们去阅读，需要去制造消费，而是我们真的有很多人生的问题需要解决，需要靠阅读去解决。

"从阅读来说，首先你要有足够的定力，你要知道是为自己而阅读，为自己而思考。到了后来，你会发觉你这十几年，或者二十几年的阅读，最终化为生命基本的认同、基本的肯定，最终当你对当下生活都能肯定的时候，你会发觉这个时候效果就会真正地显现。

"到了最后我发觉，阅读最后带给我们的效用其实是，我认可了这是我生命的存在方式，作为一个读书人，我存在的方式就体现在这方面。"

是啊，这当儿正是书展，逛上一遭，同样是寻找、发现、认识自己，"首先你要有足够的定力"。

8月17日

卢安克说："真正的农村教育研究不可能是在办公桌上计划的，而只能是通过自己在农村的生活，通过把自己的命运交给学生来发生的。"

下午的夹缝时间，开始读《是什么带来力量：乡村儿童的教育》，忽见此言，惭愧不语。

是什么带来力量？

8月19日

幼儿园将成为独立法人单位，园长将成为独立法人。今天上午市局对其进行考察，昨天得到通知，清早就坐车回学校。在车上翻完了《读书好》今年的书展特刊，好些书一看那样子就心生喜悦，没错，看看样子就足够好了。

有一册《此刻：柯慈与保罗·奥斯特书信集（2008—2011）》（宝瓶文化出版），内容就在书名里，"结集了两人的书信，话题由友谊、感情、旅游见解、文学，说到政治与革命、全球经济发展，尽见思想的灵光与火花，也藏着人类最基本的沟通渴望"。

"人类最基本的沟通渴望"——这一句，触目惊心，尤其是"渴望"。

不免想到最近还有《书信里的辛丰年》一书，直觉在中国人的语境里，"渴望"与书信并不着调。"渴望"似乎是一个极具现代意义的词，"如面谈"多的是喁喁细语、窃窃私语，直诉之渴望，少。前两天看到蔡朝阳老师说刘亮程与苇岸，他以前觉得这两位作家相似，现在则重读苇岸较多，"倾向于认为苇岸更具有现代性"，"精神是西方的"，"刘亮程接近中国传统"。我亦有此感，现在读苇岸也确实更多，蔡老师说"苇岸的所谓乡村文明，是建立在工业化之后的反思之上的"，与我们现在的历史、境遇更为息息相关，我作为一个看着乡村节节败退的乡下人，用成庆老师的话说，这样的书正是与我有关系的。

至于苇岸的现代性从何而起，这又是一个有意思的话题了，随便一说，至少与其经历、心性、阅读是分不开的，尤其是阅读，这一块苇岸深受西方经典影响，别的不说，印象最深的是他对《古希腊抒情诗选》的评介：

这是远古传来的清晰而亲切的声音。朴素之源。表饰未生的原质。到达事物核心最短的路程。舒畅的思想。每个时代都饮用的空气。现代世界面貌的依据。人类灵魂的保存。

识者有言，这几句话完全可与古希腊抒情诗同列不朽。同时，这些话恰恰反映出一个现代人的灵魂。既说到这里，不妨再引几句。苇岸的思想资源在他的自述《一个人的道路》中也可略窥一二。

我喜爱的、对我影响较大的，确立了我的信仰，塑造了我写作面貌的作家和诗人，主要有：梭罗、列夫·托尔斯泰、泰戈尔、惠特曼、爱默生、纪伯伦、安徒生、雅姆、布莱克、黑塞、普里什文、谢尔古年科夫等。这里我想惭愧地说，祖国源远流长的文学，很少进入我的视野。

这一点，我虽未细察，想必与刘亮程是大不相同的。

对中国人来说，如何真正成为一个现代人，并非易事。我不由得想到教材一事，即使誉之无数的《共和国教科书新国文》，其实际体现出的人格还是传统儒家的道德人格，所谓公民人格的内容，更多的是理念式的表达，对儿童的理解大多停留在"小大人"上。

继续读《是什么带来力量：乡村儿童的教育》。卢安克讲得太好了：

知识不会改变我们做事的态度。重要的和起作用的，是理解，是对这些事实的感受，然后让这些事实来改变我们的心，让我们培养出一种适合做事情的心态，然后再以这种适合的心态来行动。而培养这样的心态所需要的，是观察，是以适合的方式、以认识人类的方式去观察，而不是规则、对知识的了解。

我严重觉得我在儿童哲学探究上裹足不前，深刻验证了"知识不会改变我们做事的态度"。

去年8月18日，阅读小札结束。今年应该能多写些时日，明天，后天，接着21日到23日培训，又能看得三日。札记云云，无非自说自话，或者说你说我，除了"读读写写过日子"，还有，更重要的，"藏着人类最基本的沟通渴望"。

8月19日

上

《新知》第三辑是《精力秘籍》，来得好及时，我就是感觉不到"精力"，总是恹恹的。

本期卷首引录了伯克的一段话，出处为《新辉格党对旧辉格党的呼吁》。

在尊重人的地方成长；从出生开始，眼中就无低下和卑贱的事物；被教导自重；习惯于社会眼光的检视；及早留意公众意见；能够站在高处观望，对整个社会复杂多变的人事有更透彻的认识；有闲暇时间阅读、反思、交谈；不论身在何处，都能得到智者学者的重视和肯定；习惯于令下必从的军旅生活；被教导在追寻荣誉和责任时藐视危险；在有过必罚，极小的错误就会招致极度毁灭的环境中，培养出最高程度的警觉性、远见和审慎；能够被引导在行为上有所规范；要把自己当成是大众在重要议题上的典范；做上帝和世人之间的调停者；受雇为执法人员和司法人员，因此能最先造福世人；成为高等科学、文科和高等艺术的教授；成为富有的商人，而且可以从他们的成功当中得到敏锐的理解力，还能习得勤勉不息、井井有条和行为有常的美德；能培养仗义执言的习惯。

伯克说的是贵族应是什么样子，刊物编辑则以"某种理想的人格"为题引之。

下

读博雅小学堂微信公众号昨日与今日之文，忽有所感，顺手写下。

麦戈尼格尔的观念基于技术的革新与游戏的精神——此处的"游戏"似更接近于赫伊津哈所指"游戏的人"中的"游戏"，当以文化论，虽然她多以电子竞技论证；"改变世界"更可以说是"未来话题"，虽然现在也实实在在发生着。傅爸爸则面向现实难题，但是现实难题中的游戏之弊只是表象，内里却是别处之痛。一个往未来前瞻，本是虚拟之势；一个借现实逼问，虚拟倒成了祸首。

中国或坚硬或虚无的教育现实并非全由游戏造成，在新媒体飞速发展的今天，善待技术，善用技术，反倒能有拯救之力，可能获得意外的路径，寻到不同的答案。学堂邓女士昨日与今日之文，均可作如是观。信息文明与农耕文化——这个农耕文化倒也有了"教育现代化"的打扮——并不对立，但借农耕文化来否定信息文明实无必要，也不可能。

只是这个话题太大，将争议放大了来看，也许更牵涉到什么才是真正意义上的现代人。至少，一个真正的现代人，不应为技术所缚，而应将技术加以运用。玩不如编，正是如此，游戏精神，或在此中。我以为这一点，该是无可非议的了。

还有一些想法，却很零碎，比如，邓女士以自家孩子的经历为例，也不具有普遍性。再说吧。

8月20日

书架搬空了，手边留着几册，如下。

《许多孩子，许多月亮》《父子大学》《明亮的对话：公共说理十八讲》《是什么带来力量：乡村儿童的教育》《语文教学的批评与反批评》《语文教学的反思与建构》《游戏的人：文化中游戏成分的研究》《语文：审视与前瞻——走近名家》。

这两天翻着。大多读不进去。

很巧，今天罗辑思维微信公众号"60秒语音"也讲到了"游戏"，说现在的老师得换个干法，像作业这玩意儿已经失效，解决方法就是要靠游戏，比如积分、任务、组个战队什么的，以此激发学生更加主动地学习。

总觉得是，也不是。大的提法当然没问题，以一种游戏精神，让学习变得更丰富、更有趣味，那自然是好事情。但完全靠实作，更改形式，那么，会不会让学习的口味越来越重，学生的胃口随之越来越高？由此带来的不完全是正向效应吧。或者说，我的脑子不开通，虽然我并不认为学习与游戏对立，但从学习的本质来看，学习似乎无法全部游戏化。记得《古典学术讲要》中讲《学记》，就讲"学校就是用学来校对你，把自然人改造成文化人。如果用弗洛伊德的说法，就是把压抑加给你。但人之为人，就是在压抑中获得解放"。然解放一途，是否全以"游戏化"？再思。

中午在微博上看到周保松先生将《政治哲学对话录》电子书免费上传至新浪微盘，这是十年前他和第一批学生在网上的哲学讨论结集。赶紧下载，现在已经传到了手机里，就是字小了些。在序里，周先生说起教育的本质，"其实是要将人由一种状态，带到另一种状态，另一种更理想更完美的状态"，又想起雅斯贝尔斯《什么是教育》，那般定义与挖掘，与当下"游戏化"，其间相隔真的很远。

傍晚翻完《游戏的人：文化中游戏成分的研究》，其实它还是蛮有意思的，就是赫伊津哈挺学究气，写"游戏（文化）"的书，却一点儿不"游戏（精神）"。

8月21日

天又转热，上午接到培训通知，假期已到尾声。趁还有闲，将这一路上另外记下的想读的书捋个单子，在当当上搜搜，在卓越上找找，订上一笔，留待下季，有萨尔曼·可汗《翻转课堂的可汗学院：互联时代的教育革命》、乔纳森·科特《我幻想着粉碎现有的一切：苏珊·桑塔格访谈录》、北岛《给孩子的诗》、严明《我爱这哭不出来的浪漫》、止庵《惜别》、西门媚《纸锋》、连清川《不合时宜的阅读者》、韩松《轨道》等。

订书时，书账渐长。有道是喝不尽的杯中酒，读不完的手中书，如之何也，如之何也。蓦地想起一则学人笔记，提到日本的山本玄绛禅师，禅师在龙泽寺讲经，说：

"一切诸经，皆不过是敲门砖，是要敲开门，唤出其中的人来，此人即是你自己。"

呜呼，读来读去，莫过如此，我，为了唤出其中的自己，在这夏日的光阴里，读读写写过日子。

温暖而百感交集的旅程

一

用作家残雪的话来说，人的成长是一种"趋光运动"。我很喜欢这个说法，它既意味着某种结果，又表达了一个过程。后来读金子美铃，这苦命女子写下的《向着明亮那方》，不正是不屈不挠的"趋光运动"吗？成长确实就是朝着自己心中的梦想靠近的过程。梦想是纯洁的，是美好的，是一道温暖心房的光，是一扇开启未来的门。那么，光因何而来，门因何而设？对教师来说，光是因阅读而来，门是因阅读而设，阅读，并且不间断地阅读，光才能够持久、明亮，门才会设在更高远的地方，却又可以无限地接近。

二

记忆深处有一些书，它们一本接一本串起了我的阅读经历。读书就是趋光，趋光带来成长，这两者重叠、融合，于是，我成了现在的我。1998年参加工作，手边的书大概不到一百本，即便如此，已经觉得自己是个爱读书的人，到得今天，站在自家书架前，却常感觉空洞，还有那么多好书我没读——知道不满，感受不足，这就是一种成长。

那么，从何说起呢？

参加工作后，总算有了一点儿可以自主支配的买书钱，但那时候，买书的机会不多，唯有进城，才能到新华书店走一走。令人愉快的是，县城新华书店有半价区，我常常在那里一站一下午，满载而归。只是，彼时阅读仍然有刚出校门的文青味道，读先锋文学、外国小说、现代派诗歌，基本上没有什么规划。

2000 年，对我来说是值得纪念的。这一年，我读到了一本书，这本书彻底改变了我的阅读趣味，更改变了我的思考方式，这本书就是《万历十五年》。

说来惭愧，我是在黄仁宇先生逝世后才知其人其书的。他逝世于当年 1 月 8 日，很快《中国青年报》上发表了李方的纪念文字（到今天这篇小文章我还保留着，写这几个字的时候又翻出来看了看）。我就开始找《万历十五年》，得来不易，直到 9 月 21 日才得到书，两天读完，在末一页上留了一行字："精彩，精彩！长嘘一气！九月二十三。"现在想来，这十年前的长嘘一气于当时的我是何等满足。一个月之后，又读一遍，书末再加一行："惊心动魄！十月二十七。"大概，第二回才看出些门道。

奇妙的是，当时《万历十五年》对我最大的影响还不在历史观念上，而在语言文字上。事实上，现在我还时常回味这本书伟大的开头：

公元 1587 年，在中国为明万历十五年，论干支则为丁亥，属猪。当日四海升平，全年并无大事可叙，纵是气候有点反常，夏季北京缺雨，五六月间时疫流行，旱情延及山东，南直隶却又因降雨过多而患水，入秋之后山西又有地震，但这种小灾小患，以我国幅员之大，似乎年年在所不免。只要小事未曾酿成大灾，也就无关宏旨。总之，在历史上，万历十五年实为平平淡淡的一年。

太棒了！干净利落，一气呵成。这是非常黄仁宇的文字，平实、雅驯，不乏机智，比如"属猪"；黄先生行文间有意识地向古典白话汲取营养，如"纵是"，若换其为"虽然"，意思不差，但味道有云泥之别；还有"时疫流行""延及""患水"，无不平地起波澜，用字俭省而精准，读来流畅不拖沓。开头一句，很通常的说法是"公元1587年，是中国明朝的万历十五年，以干支纪年则是丁亥年"，而黄先生以一个"在"和一个"论"，立刻将两个分句书写灵动。这一整节文字里，只有一个"的"。这就是古典的精髓，"救了现代汉语一条狗命"（李方语）。这样的段落并非书中稀有，久不读书的我面对这俯拾即是的经典汉语，齿颊留香之余，不断觉察当下小学语文教材文字的粗陋和不通，距离真正的中国语文何其远也。

作为"历史上一部失败的总记录"，黄仁宇用七个人的命运剖析了体制之弊，揭示出帝国已近斜阳。他发现如果一个人口众多的国家，各人行动全凭儒家简单粗浅而又无法固定的原则限制，而法律又缺乏创造性，则其社会发展的程度，必然受到限制，即便宗旨善良，也不能补助技术之不及，所以万历十五年，表面上似乎是四海升平，无事可记，实际上大明帝国已经走到了它发展的尽头。过去的一切都映射着未来，作为一个读者，读这样的书，你如何能不去思考一些宏大命题呢？

十几年来，我一直教语文，读这些历史书似乎跟专业八竿子打不着。然而，阅读早就应跳出简单的学科划分，功夫在诗外，要教好语文，尤其是中国语文，不阅读历史，不阅读哲学真不行，不能拿所谓专业来拒绝其他有益的阅读。真正的阅读是自由的，自由的阅读才是给力的。这也正是郝明义所提倡的"越读"——跨越界限读书。越界确实带给了我新奇，《万历十五年》改变了我的阅读取向，日后阅读了更多史哲，兼及文学趣味。塔科夫斯基回忆自己的阅读时曾说，《战争与和平》之后，再也无法阅读垃圾。我很庆幸，因为《万历十五年》，我对历史发生了兴趣，我不敢说我阅读的再不是垃圾，但至少有些垃圾，我不会去碰了。

三

卡夫卡有一句话：

我们需要的书，应该是一把能够击破我们心中冰海的利斧。

我现在所提的书，都是那些击破我心中冰海的利斧。正由于我打开了书，翻动书页，它与我都获得了新生。在某个时刻，它愉悦了我；在某个时刻，它慰藉了我；在某个时刻，它粉碎了我；在某个时刻，它成全了我；在某个时刻，它塑造了我。我之所以是我，跟这些书都是有联系的。你在这个世界上读了一本书，实在就像把石头扔进水塘里一样，你永远不会知道，那块石头引起的波纹能有多远。

我热爱自己的阅读，它跟我最亲，它是专为我开、专为我关的独一无二的门。门开门关，书留了下来，始终在那里：李剑农《中国近百年政治史》、陈独秀《独秀文存》、茅海建《天朝的崩溃：鸦片战争再研究》、吴思《潜规则：中国历史中的真实游戏》、老鬼《血与铁》（这本书不知为何出现在我校图书室里，我借来一夜读完）、杨显惠《夹边沟记事》、高尔泰《寻找家园》、孙隆基《中国文化的深层结构》、刘小枫《沉重的肉身》、陈家琪《沉默的视野》、何清涟《现代化的陷阱：当代中国的经济社会问题》、茅于轼《给你所爱的人以自由》、王军《城记》、笛卡尔《谈谈方法》、茨威格《人类群星闪耀时》、史怀哲《敬畏生命：史怀哲自传》、弗洛姆《爱的艺术》、曼古埃尔《阅读日记：重温十二部文学经典》、纳博科夫《洛丽塔》、王小波《思维的乐趣》、劳伦兹《所罗门王的指环：与鸟兽鱼虫的亲密对话》、崔卫平《积极生活》、徐晓《半生为人》、北岛《时间的玫瑰》、吴蓓《英格兰的落叶》、一平《身后的田野》、林贤治《自制的海图》、黄武雄《童年与解放》、叶嘉莹《唐宋词十七讲》、夏志清《中国现代小说史》、董桥《语文小品录》、张大春《小说稗类》、林达的"近距离看美国"四部曲、冯象的作品。此外孤岛客黄集伟的阅读笔记、止庵的散文、恺蒂的随笔、王书亚的影评、朱大可的评论、萧雪慧的教育谈、梁文道的时评，都是我私家好读，这两年读到的帕慕克《伊斯坦布尔：一座城市的记忆》、英若诚等《水流云在：英若诚自传》、陈志武《中国人为什么勤劳而不富有》、刘瑜《民主的细节：美国当代政治观察随笔》、苏小和《我们怎样阅读中国》、熊培云《重新发现社会》、北岛《城门开》、唐诺《阅读的故事》、齐邦媛《巨流河》、赵越胜《燃灯者》都印象深刻。不是要开书单，也没法一一列举，每个人都会有自己钟情的对象，我的美酒说不定是他人的毒药，我只是觉得好书就在身边，很多很多，只待有心的人去发现。

　　白先勇先生说，我们都会慢慢消失的，只有我们写下的字、我们的创作才是永恒的。所以从这个意义上说，阅读也是追求永恒，不然的话，在这个世界上，我们等于从未存在过。但是当你读过某本书时，你就与书本身、与书中的情节、与书的作者，以及无数的这本书的其他读者进行了沟通，这时候你获得的真心愉悦、获得的充实幸福，就会化为你的内在，塑造一个全新的你。我很少去想什么读书方法就是这个原因，读书就是读书，因为书在那里，我一直相信，任何人高兴地捧起一本什么书读起来，那就是找到了最好的读书方法。

　　与其说这是一种阅读心得，不如说这是一份阅读心情。为了写下这些话，我想啊想啊，想我遇到的那一本本书，是什么时间遇到的，当时是什么心情、什么感觉，我在时间的长河里缓缓走去，那是温暖和百感交集的旅程。一本本好书手拉着手，将我带走，然后又让我独自一个回去。在我回来之后，才知道它们已经永远和我在一起了，我其实真诚地希望这世界上，每一位教书的人，都会和某些书永远在一起。

后　记

诗人辛波斯卡说教师这一行："只要他们能够不断地发现新的挑战，他们的工作便是一趟永无终止的冒险。困难和挫败绝对压不扁他们的好奇心，一大堆新的疑问会自他们解决过的问题中产生。"

这应该很好地解释了教师为什么要读书——书，就该是这趟无止境冒险中的路标与向导，当疑问产生，当实践延展时，只有读书与思考，才能帮助教师面对所有"新的挑战"。寻找那本神奇的书，是所有教书人注定的脚步。

每一年末，回头看，不敢说这一年长进几何，到底读书未停。从岁首到年终，"半亩方塘一鉴开，天光云影共徘徊"，一本一本读过去，有惬意，有满足，也有困惑，有迷思。古人说，书犹药也，善读之可以医愚。"愚"其实难医，关键是书本提供助力，可明察，可审视，可校正，可笃行，令吾辈多加自省，多得自知，多有自明。

这些年来，读书这件事，早已不外在于我的生活。从根本上说，正因为一本一本神奇的书，我才成为如今这个我。如此，当下生活，无非是继续踏着又一本再一本神奇的书，往前而去。

"平凡如我，一天一天教书，一天一天读书，或许是唯一行得通、靠得住的自己救自己。……往后这日子，还是教书，还是读书。"

这是我的心里话。已经很久没有问自己为什么要读书了——无须再问，因为有读，才教得有底气；因为要教，才更加用心去读。这一年，从书中来，往教中去，攒了一堆喜爱的好书，做了一些自己的事情，仍然真真切切感受到读书的意义，不在于读了多少，不在于读得有多快，不只是增长知识，不只是享受闲情逸致，而是遇到这些书，读过这些书，人生从此开始不同，从此开启了新的梦想与未来。

十万加的时代，我们该如何认识他人，又该如何做好自己，书里并没有现成的答案，但它们确实在一次又一次提醒我，通过教书与读书，做一个独立的个体，"在自己身上，克服这个时代"。这很难，所以才有意义。

感谢打开本书的每一位读者，愿您从中找到那本神奇的书。

图书在版编目（CIP）数据

教书这么好的事／冷玉斌著 . —北京：中国人民大学出版社，2020.8
ISBN 978－7－300－28404－0

Ⅰ.①教… Ⅱ.①冷… Ⅲ.①小学教师—师资培养—研究 Ⅳ.① G625.1

中国版本图书馆 CIP 数据核字（2020）第 126509 号

教书这么好的事

冷玉斌　著
Jiaoshu Zheme Hao de Shi

出版发行	中国人民大学出版社		
社　　址	北京中关村大街 31 号	邮政编码	100080
电　　话	010－62511242（总编室）		010－62511770（质管部）
	010－82501766（邮购部）		010－62514148（门市部）
	010－62515195（发行公司）		010－62515275（盗版举报）
网　　址	http://www.crup.com.cn		
经　　销	新华书店		
印　　刷	北京华宇信诺印刷有限公司		
开　　本	720 mm × 1000 mm　1/16	版　次	2020 年 8 月第 1 版
印　　张	13.25　插页 1	印　次	2023 年 9 月第 5 次印刷
字　　数	180 000	定　价	49.80 元

版权所有　　侵权必究　　印装差错　　负责调换